HEYNE KOCHBÜCHER

DR. OETKER
Kinder
Kochbuch

Wilhelm Heyne Verlag
München

Hallo Kinder!

Jeder kann kochen, ehrlich! Auch Ihr! Es muß ja nicht gleich eine „Ente mit Orangensauce" sein. Die einfachen Dinge schmecken oft viel besser. Ihr müßt also weder tranchieren noch flambieren und auch nicht in Sekundenschnelle eine Zwiebel klein schneiden. Ihr müßt nur ein paar einfache Dinge wissen.

Und Ihr müßt wissen, daß Kochen mindestens genausoviel Spaß macht wie Computerspiele und Legohäuser bauen. Aber das merkt Ihr bestimmt bald selbst. Damit der Spaß möglichst groß und die Mühe möglichst klein ist, findet Ihr hier leichte, schnelle und natürlich köstliche Rezepte.

Ladet Euch doch zum Kochen ein paar Freunde ein, dann wird's besonders lustig. Und das Allerbeste: Man kann nachher noch was Leckeres essen. Jetzt haben wir lange genug um den heißen Brei herumgeredet:

Ran an die Kochlöffel. Viel Vergnügen!

Der Lecker-Wecker

2 TL Honig
2 EL heißes Wasser
3 gehäufte EL Vollkorn-
  haferflocken
2 EL grobgehackte
  Haselnußkerne
1 kleine Banane
1 kleine Orange
1 großen Apfel
250 ml (¼ l) Milch
2 TL Zitronensaft

Stelle bereit:

1 Schüssel
1 Kochlöffel
1 Schälmesser
1 Küchenbrett
1 Gemüsereibe

So wird's gemacht:

Gib den Honig mit dem Wasser
in die Schüssel und verrühre
beides miteinander. Schütte die
Haferflocken und Nüsse dazu.
Schäle das Obst. Schneide die
Banane in Scheiben und die
Orange in kleine Stücke.
Mische das Obst unter die
anderen Zutaten.
Wasche und viertele den Apfel.
Entferne das Kerngehäuse und

Bist Du vielleicht auch
so ein Morgenmuffel,
der nur schwer aus den
Federn kommt?
Morgenmuffel sind ja
eigentlich ganz nett,
sie müssen nur
irgendwann wach
und fit werden.
Nach diesem Müsli,
das Dich in aller
Frühe schon anlacht,
bist Du's bestimmt!

reibe die Apfelviertel in das
Müsli. Gieße die Milch und den
Zitronensaft darüber. Verrühre
zum Schluß alle Zutaten vorsichtig miteinander.

**Anstatt der Vollkornhafer-
flocken kannst Du für dieses
Müsli auch Hirse-, Vollkorn-
weizen- und andere Flocken
aus Getreide verwenden.
Versuch's auch mal mit
anderen Obstsorten.**

Mach Dir doch mal ein tolles Trockenmüsli für die Schule.

Dazu brauchst Du:

6 EL Vollkornhaferflocken
6 EL Rosinen oder Sultaninen
2 EL grobgehackte Haselnußkerne oder Mandeln
2 EL Sonnenblumenkerne
2 TL Zucker
evtl. 2 TL Kakao

Vermische die Zutaten und bewahre sie in einer verschließbaren Dose an einem trockenen Platz auf.
Jeden Morgen füllst Du Dir eine Portion in eine Plastikschüssel mit Deckel. In der Schule gibst Du Milch oder Joghurt dazu. Vielleicht schmeckt's Dir auch am besten trocken. Auf jeden Fall einen Teelöffel mit in die Schultasche packen.

Doppeldecker „Donnerwetter"

3 Scheiben Roggenbrot
2 gestrichene TL Butter
   oder Margarine
4 Radieschen
1 kleine Tomate
2 Salatblätter,
   z.B. Kopfsalat
2 Scheiben Schnittkäse,
   z.B. Gouda

Stelle bereit:

1 Küchenbrett
Küchenpapier

So wird's gemacht:

Bestreiche die Brotscheiben
von einer Seite mit Butter oder
Margarine. Wasche die Radieschen und die Tomate. Entferne
die Stengelansätze und schneide sie in Scheiben. Wasche die
Salatblätter und tupfe sie
trocken. Belege das erste Brot
mit einem Salatblatt, dann mit
einer Scheibe Käse und den
Radieschenscheiben. Lege das
zweite Brot darauf. Belege es
mit dem zweiten Salatblatt, dem
Käse und den Tomatenscheiben. Dann bedecke alles mit
der dritten Brotscheibe.

Weißt Du,
daß Doppeldecker
fliegen können?
Auch dieser hier
möchte mit einem
Sturzflug in Deinem
Bauch landen.

Wenn Du nicht so gerne
Käse ißt, kannst Du den
Doppeldecker auch mit
Wurst belegen.

Leberwurst-Radieschen-Flirt

Für 5 Brote brauchst Du:

100 g feine Kalbsleberwurst
1 EL Kräuter Crème fraîche
1 Prise Zucker
1 Prise Jodsalz
1 Messerspitze gemahlenen
weißen Pfeffer

Wenn Du keine beleidigte Leberwurst auf Deinem Brot erleben willst, gib ihr doch knallrote Radieschen zur Gesellschaft: Zusammen schmeckt das nämlich prima.

3-4 Tropfen Zitronensaft
3-4 Radieschen
1 große süß-sauer eingelegte
Gurke
1 gehäuften EL fein-
geschnittenen Schnittlauch

Stelle bereit:

1 Schüssel
1 Küchenbrett
1 Küchenmesser

So wird's gemacht:

Gib die Leberwurst, die Crème fraîche, den Zucker, Salz und Pfeffer und den Zitronensaft in die Schüssel. Rühre die Zutaten mit einer Gabel glatt.
Wasche die Radieschen und schneide sie zusammen mit der Gurke in sehr kleine Würfel. Mische die Radieschen- und Gurkenwürfel zusammen mit dem Schnittlauch unter die Leberwurstcreme.

Prise? Das ist soviel, wie Du einmal zwischen Daumen und Zeigefinger greifen kannst.

Tomatensuppe „Graf Dracula"

Für 4 Personen brauchst Du:

1 kg vollreife Tomaten
2 mittelgroße Zwiebeln
1 Knoblauchzehe
30 g Butter oder Margarine
3-4 EL Weizenmehl (Type 405)
4 EL Tomatenmark
1 l heißes Wasser oder
   Gemüsebrühe
1 TL Zucker
1 ½ TL Jodsalz
1 Messerspitze gemahlenen
   weißen Pfeffer
4 TL Crème fraîche
frische Basilikumblättchen

Stelle bereit:

1 Küchenbrett
1 Küchenmesser
1 Schälmesser
1 Schüssel
1 Kochtopf
1 Schneebesen
1 Kochlöffel

So wird's gemacht:

Überbrühe die Tomaten kurz mit kochendem Wasser und schrecke sie mit kaltem Wasser ab. Enthäute sie, steche den Stengelansatz heraus und

Tomatensuppe ist die Lieblingssuppe von Graf Dracula, weil sie so schön rot ist. Aber auch Nicht-Vampire wie Ihr werdet sie klasse finden.

schneide die Tomaten in kleine Stücke. Schäle die Zwiebeln und die Knoblauchzehe und schneide sie in kleine Würfel. Zerlasse die Butter oder Margarine in dem Topf und dünste die Zwiebel- und Knoblauchwürfel darin an. Streue das Mehl darüber und rühre das Tomatenmark unter. Jetzt gieße die Flüssigkeit unter Rühren hinzu. Nimm den Topf von der Kochstelle und rühre so lange, bis die Suppe glatt und ohne Klümpchen ist. Dann bringe die Suppe nochmal zum Kochen und schütte die Tomatenstücke hinein. Lasse die Suppe zugedeckt etwa 10 Minuten köcheln. Gib den Zucker hinzu und schmecke die Suppe mit Salz und Pfeffer ab. Verteile die Suppe auf Suppenteller und verziere sie mit Crème fraîche und Basilikumblättern.

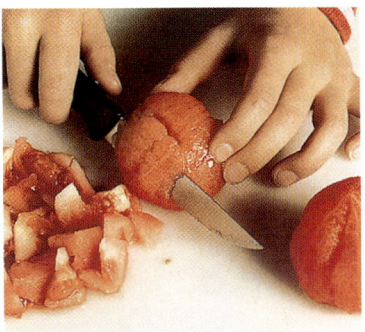

Die Suppe schmeckt noch genialer mit gerösteten Weißbrotwürfeln. Dazu schneidest Du 2 Scheiben Weißbrot in kleine Würfel und röstest diese in einer Pfanne in etwas Butter an.

Suppenkasper-Alphabet

Für 4 Personen brauchst Du:

1 ½ l Wasser
1 Messerspitze Jodsalz
80 g Buchstabennudeln
2 mittelgroße Möhren
2 kleine Zucchini
1 l Wasser
2 ½ gestrichene EL Fleisch-
oder Gemüsebrühe
(aus dem Glas)
4 junge, zarte Sellerieblätter
2 EL feingehackte Petersilie

Stelle bereit:

1 großen Kochtopf
1 Sieb
1 Küchenmesser
1 Sparschäler
1 kleinen Kochtopf
1 Küchenmesser
1 Kugelausstecher
1 Gemüsereibe
1 Schüssel
1 Küchenbrett
1 kleinen Kochtopf
1 Kochlöffel

**Findest Du
Deinen Namen
in dieser Suppe?
Aber hallo!
Klar doch, denn das
ganze Alphabet
ist dort
untergetaucht!**

So wird's gemacht:

Bringe das Wasser mit dem
Salz in dem Topf zum Kochen
und schütte die Nudeln hinein.
Decke den Topf zu und lasse
die Nudeln etwa 10 Minuten
bei mittlerer Hitze garen.
Schütte sie dann in das Sieb
und lasse sie gut abtropfen.
Wasche das Gemüse und
schneide die Enden von
Möhren und Zucchini ab.
Schäle die Möhren.

Bringe in dem kleinen Kochtopf
etwas Wasser zum Kochen und
lasse die Möhren etwa 2 Minuten darin kochen. Nimm die
Möhren heraus und steche mit
dem Kugelausstecher kleine
Kugeln aus. Wenn Ihr keinen
Kugelausstecher zu Hause
habt, reibe die ungekochten
Möhren auf der groben Seite
der Gemüsereibe in die Schüssel. Schneide die Zucchini
zuerst in etwa ½ cm dicke
Scheiben und dann in Streifen.
Bringe das Wasser zum Ko-
chen, rühre die Fleisch- oder
Gemüsebrühe hinein und gib
das Gemüse und die Sellerieblätter dazu. Lasse nun das
Gemüse zugedeckt etwa
10 Minuten bei mittlerer Hitze
garen. Zum Schluß gib die
Buchstaben in die Suppe und
streue die Petersilie darüber.

**Du kannst diese Suppe
auch mit anderem Gemüse,
z.B. Kohlrabi oder Rote
Bete, zubereiten.**

Heißes Schneegestöber

Für die Schokoladensuppe:
500 ml (½ l) Milch
1 gehäuften EL Schokoladen-
  Puddingpulver
1 Prise Jodsalz
2 gehäufte TL Kakao
1 gestrichenen EL Zucker
50 g Blockschokolade

Für das Schneegestöber:
1 Eiweiß
1 Päckchen Vanillin-Zucker
1 Prise Jodsalz
1-2 l Wasser

Stelle bereit:

1 Kochtopf
1 Schneebesen
1 Tasse
1 Rührschüssel
1 Handrührgerät mit Rührbesen
1 großen Kochtopf
1 Schaumlöffel

So wird's gemacht:

Gieße die Milch in den Topf. Nimm etwa 4-5 Eßlöffel von der kalten Milch ab und verrühre sie mit dem Puddingpulver, dem Salz, dem Kakao und dem Zucker in einer Tasse.

Kennst Du das auch? Draußen ist es kalt und grau, womöglich fällt gerade Schnee und Du bist froh, daß Du im gemütlichen Zimmer sitzt. Wonach ist Dir dann? Nach diesem heißen Schneegestöber!

Bringe die restliche Milch zum Kochen. Nimm dann den Topf von der Kochstelle, gieße das angerührte Puddingpulver hinein und lasse die Suppe unter Rühren noch einmal aufkochen. Brich die Schokolade in kleine Stücke und rühre sie unter die heiße Schokoladensuppe. Für das Schneegestöber schlage das Eiweiß mit dem Zucker und dem Salz steif. Erhitze das Wasser in dem kleinen Topf. Stich nun mit einem Teelöffel kleine Klößchen aus dem Eiweiß und setze sie auf das heiße Wasser (es darf nicht sprudelnd kochen) und lasse sie zugedeckt etwa 5 Minuten garziehen. Hebe die Schneeklößchen mit einem Schaumlöffel heraus und setze sie auf die Schokoladensuppe.

Anstatt Schokoladensuppe kannst Du auch Vanille-suppe kochen. Nimm dafür Vanille-Puddingpulver und laß den Kakao und die Blockschokolade weg.

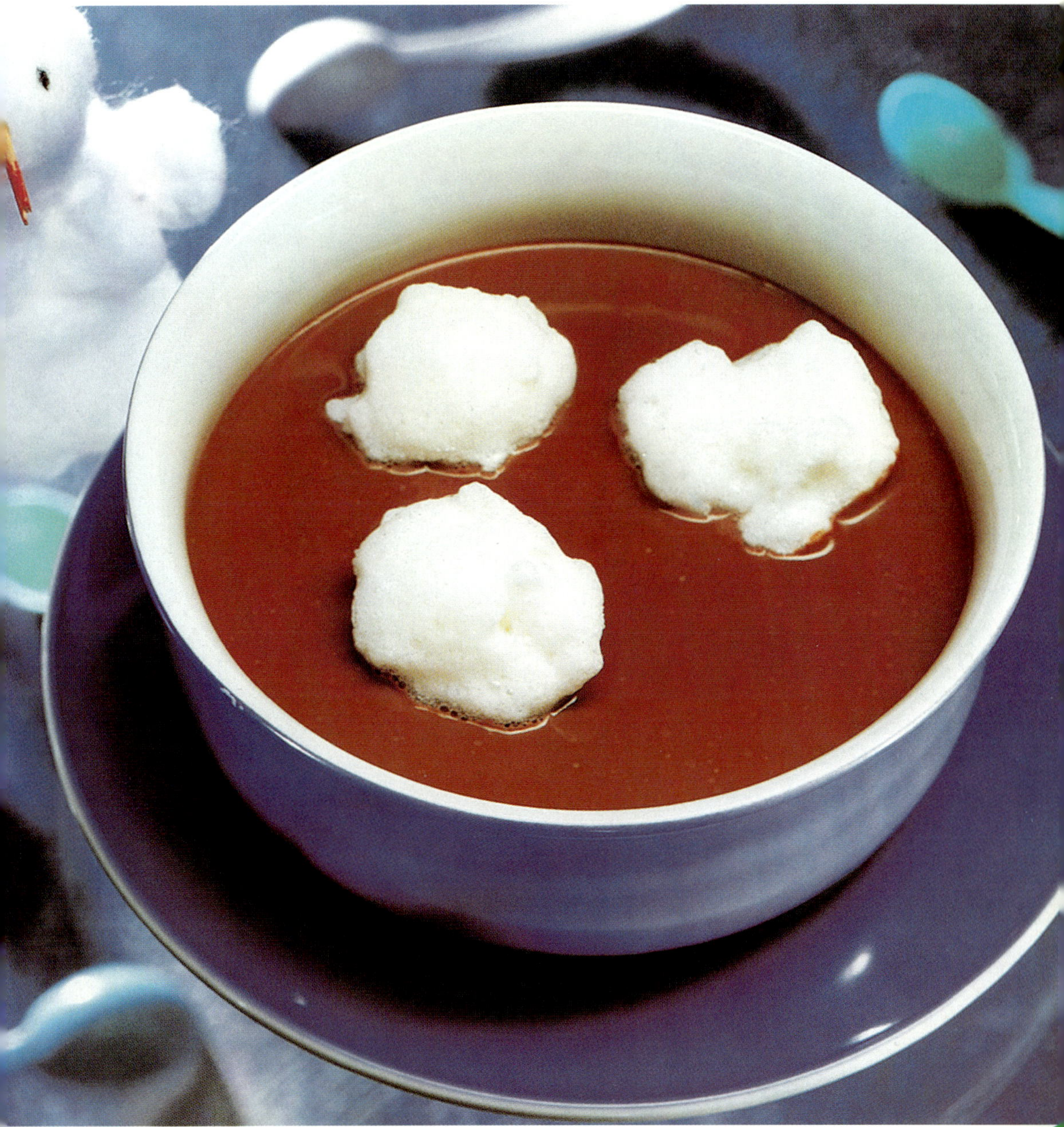

Tomaten-Gurken-Schiffchen

Für 4 Personen brauchst Du:

2 Tomaten
1 Salatgurke

Stelle bereit:

Küchenpapier
1 Küchenmesser
1 Küchenbrettchen
8 Zahnstocher

So wird's gemacht:

Wasche die Tomaten gründlich,
trockne sie ab und viertele sie.
Dann schneide die Stengelansätze heraus.
Wasche die Salatgurke, trockne
sie ab und schneide sie in
8 dicke Scheiben (Scheiben-
dicke etwa $\frac{1}{2}$ cm). Schneide
aus jeder Scheibe ein Dreieck.
Das Gurkendreieck wird wie ein
Segel mit einem Zahnstocher
auf dem Tomatenviertel festge-
steckt.

Möchtest Du einmal so
einen Segeltörn mit-
machen? Dann iß ganz
viel von diesen kleinen
Vitamin-Schiffchen,
damit Dir beim Tauziehen
nicht die Puste wegbleibt!

Du kannst auch andere
Gemüseschiffchen machen,
z.B. mit Zucchini oder Kohlrabi als Segel und einer in
Achtel geschnittenen Paprikaschote als Rumpf.

Sahnig-süßer Knacksalat

Für 4 Personen brauchst Du:

$\frac{1}{2}$ Eisbergsalat
100 ml Schlagsahne
1 Zitrone
3-4 Mandarinen
   (ersatzweise aus der Dose)
3 TL Zucker

Salat ist gesund.
Das weiß jeder.
Aber ganz ehrlich:
Selbst wenn er
nicht gesund wäre:
Er schmeckt
prima.

Stelle bereit:

1 großes Sieb
1 Rührschüssel
1 Zitronenpresse
1 Rührlöffel

So wird's gemacht:

Wasche den Salat gründlich unter fließendem Wasser und lege die Blätter zum Abtropfen in das Sieb. Entferne die harten Rippen und reiße die Blätter in kleine Stücke. Gieße die Sahne in die Schüssel. Presse die Zitrone aus und gib den Saft unter Rühren hinzu. Schäle die Mandarinen, teile sie in Spalten und mische sie mit dem Zucker unter die Sauce.
Verteile den Eisbergsalat auf Salatteller und gieße die Mandarinensauce darüber.

TIPP

Statt der Mandarinen kannst Du auch zwei Orangen nehmen. Auch den Eisbergsalat kannst Du gegen Chinakohl oder anderen Blattsalat austauschen.

Hanswurst im Salat

Für 4 Personen brauchst Du:

Für den Salat:
1 kg festkochende Kartoffeln
250 ml (¹/₄ l) Wasser
80 g rohen Schinken
2 große Zwiebeln
2 EL Speiseöl
2 TL Fleischbrühe
   (aus dem Glas)
250 ml (¹/₄ l) heißes Wasser
2 EL Kräuteressig
1 TL Zucker
1 Messerspitze gemahlenen
   schwarzen Pfeffer
1 EL gehackte Petersilie

Für die Würstchen:
4 Wiener oder 2 Paar
   Frankfurter Würstchen
1 ¹/₂ l Wasser

Stelle bereit:

1 Kochtopf
1 Küchenmesser
1 Schälmesser
1 große Schüssel
1 Küchenbrett
1 Pfanne
1 Kochlöffel
1 breiten Kochtopf

Zu diesem Salat kann man nur sagen: klassisch, knackig, köstlich!

So wird's gemacht:

Wasche die Kartoffeln und bringe sie in dem Wasser zum Kochen. Lasse sie etwa 20 Minuten bei schwacher Hitze gar kochen. Gieße das Wasser ab, lasse die Kartoffeln abkühlen und pelle sie. Schneide die Kartoffeln in Scheiben oder Würfel. Schneide den Schinken ebenfalls klein. Schäle die Zwiebeln und schneide sie in Würfel. Erhitze das Öl in der Pfanne und brate die Schinken- und Zwiebelwürfel darin an.

Rühre die Brühe mit dem heißen Wasser an, schütte sie in die Pfanne und lasse sie einmal aufkochen. Stelle die Pfanne beiseite und schmecke die Brühe mit Essig, Zucker und Pfeffer ab. Gieße die Brühe mit den Schinken- und Zwiebelwürfeln über die Kartoffeln. Vermenge alle Zutaten gut miteinander und stelle den Kartoffelsalat etwa 2 Stunden zugedeckt kühl. Vor dem Anrichten bestreue ihn mit der Petersilie. Für die Würstchen erhitze das Wasser in dem breiten Topf. Das Wasser darf nicht kochen, sondern muß nur sehr heiß sein. Gib dann die Würstchen hinein und lasse sie ohne Deckel etwa 10 Minuten garziehen.

Super schmecken dazu hartgekochte Eier. Anstatt Würstchen kannst Du zur Abwechslung Power-Burger (Rezept Seite 44) dazu machen.

Kraft-Knöllchen

Für 4 Personen brauchst Du:

500 g Broccoliröschen
400 g Blumenkohlröschen
500 ml (½ l) Wasser
¼ TL Jodsalz
40 g Butter oder Margarine
4 gehäufte EL Semmelbrösel

Stelle bereit:

1 Kochtopf
1 Pfanne
1 Kochlöffel
1 Schaumlöffel

Manche behaupten ja, die Dinosaurier und Drachen seien ausgestorben, weil sie angefangen haben, nur noch Süßigkeiten und Kekse zu essen. Hätten Sie lieber diese köstlichen Knöllchen verspeist. Das glaubt Ihr nicht? Nun ja, hoffentlich seid Ihr klüger als die alten Drachen.

So wird's gemacht:

Wasche die Broccoli- und Blumenkohlröschen gründlich unter fließendem kaltem Wasser. Bringe das Wasser mit dem Salz in dem Kochtopf zum Kochen. Gib das Gemüse hinein, decke den Topf zu und lasse alles bei schwacher Hitze etwa 20 Minuten kochen. Zerlasse die Butter oder Margarine in der Pfanne und gib die Semmelbrösel dazu. Rühre so lange, bis die Semmelbrösel goldgelb sind.
Hebe mit dem Schaumlöffel die Blumenkohl- und die Broccoliröschen heraus, gib sie auf Teller und verteile die heißen Semmelbrösel darüber.

Wenn Du das Gemüse in eine gefettete Auflaufform legst, mit Semmelbröseln bestreust, mit einigen Scheiben Schnittkäse, z.B. Gouda, belegst und dann für etwa 5 Minuten unter den Grill schiebst, erhältst Du einen köstlichen Gemüseauflauf!

Übrigens: Die Strünke von Broccoli und Blumenkohl kannst Du mitkochen und ebenfalls essen (Kochzeit: 30 Minuten).

Torero-Paella „Olé"

Für 4 Personen brauchst Du:

1 mittelgroße Zwiebel
4 mittelgroße Möhren
2 grüne Paprikaschoten
1 rote Paprikaschote
1 gelbe Paprikaschote
1 Stange Porree (Lauch)
4 EL Olivenöl
200 g Langkornreis
1 EL Tomatenmark
2 gestrichene TL Jodsalz
1 TL gerebelten Oregano
750 ml (³/₄ l) heißes Wasser

Stelle bereit:

1 Schälmesser
1 Küchenbrett
1 Küchenmesser
1 Schüssel
1 große Pfanne mit Deckel
1 Kochlöffel

Zu einer Gemüse-Paella schmecken Spiegeleier ganz prima.

Vielleicht warst Du mit Deinen Eltern schon mal in Spanien und hörst sie seitdem von der köstlichen Paella schwärmen. Kein Problem! Überrasche sie doch mal damit: fast echt spanisch und einfach „grandioso". Olé!

So wird's gemacht:

Schäle die Zwiebel und schneide sie in große Würfel. Wasche die Möhren und schneide die Enden ab. Schäle die Möhren und schneide sie in große Würfel. Halbiere die Paprikaschoten, entferne den Stiel, die Kerne und die weißen Scheidewände.

Wasche die Schoten und schneide sie in Streifen. Schneide von der Porreestange die Außenblätter und die Wurzelenden ab. Halbiere die Stange längs und wasche sie unter fließendem kaltem Wasser. Schneide die Porreestange quer in kleine Streifen. Erhitze das Öl in der Pfanne und dünste die Zwiebelwürfel darin an. Dann gib den Reis, das Gemüse und das Tomatenmark hinzu und verrühre alles miteinander. Streue das Salz und den Oregano darüber. Gieße nun das Wasser in die Pfanne, decke die Pfanne zu und lasse die Paella etwa 25 Minuten bei schwacher Hitze garen. Rühre die Paella zwischendurch immer wieder um.

CALA FIGUERA

Kaspers Lieblingspizza

Für 4 Personen brauchst Du:

Speiseöl zum Ausfetten des
Backbleches

Für den Pizzateig:
250 g Magerquark
125 ml (⅛ l) Milch

Kasper kann nicht nur gut
Kasperletheater spielen,
sondern auch gut kochen.
Sobald er nicht auf
Tournee ist, tischt er die
köstlichsten Sachen auf.
Hier sein Lieblingsrezept.

1 Ei
1 EL Speiseöl
½ TL Jodsalz
400 g Roggenmehl
(Type 1150)
1 Messerspitze Backpulver

Für den Belag **„Pizzakreis"**
1 TL Speiseöl
1 EL passierte Tomaten
1 kleine Zwiebel
1 Dose Thunfisch im eigenen
   Saft
1 EL feingeschnittene Petersilie
4 gehäufte EL Mais
   (aus der Dose)
3 gehäufte EL geriebenen Käse

Für den Belag **„Pizzadreieck"**
1 TL Speiseöl
1 große Zwiebel
1 kleine Zucchini
1 kleine Tomate
5-6 Scheiben Salami
$\frac{1}{2}$ TL gerebelten Oregano
1 Messerspitze gemahlenen
   schwarzen Pfeffer

Für den Belag **„Pizzaquadrat"**
1 TL Speiseöl
1 EL passierte Tomaten
3 Scheiben Fleischwurst
1 kleine Zwiebel
24 große Champignons
   (aus dem Glas)
1 EL feingeschnittenen
   Schnittlauch
1 Messerspitze gemahlenen
   schwarzen Pfeffer
2 gehäufte EL geriebenen Käse

Für den Belag **„Pizzastange"**
1 TL Speiseöl
1 EL passierte Tomaten
2 Scheiben gekochten
   Schinken
1 Kugel Mozzarella
1 grüne Paprikaschote
1 rote Paprikaschote

Stelle bereit:

1 Backblech
1 Backpinsel
1 große Rührschüssel
1 Handrührgerät mit Knethaken
1 kleine Rührschüssel
1 Teigrolle
1 Schälmesser
1 Küchenmesser

So wird's gemacht:

Bestreiche das Backblech mit dem Öl und stelle es zur Seite. Gib den Quark, die Milch, das Ei, das Öl und das Salz in die große Rührschüssel und rühre alles mit dem Handrührgerät gut durch.
Vermische das Mehl mit dem Backpulver in der kleinen Schüssel und knete es nach und nach unter die Quarkmasse. Wenn der Teig noch klebt, knete etwas Mehl darunter. Lasse den Teig etwa 2 Stunden im Kühlschrank zugedeckt ruhen. Dann teile den Teig in 4 Stücke und forme daraus einen Kreis, ein Dreieck, ein Quadrat und eine Stange. Bestreiche alle Pizzas mit dem Öl und steche mit einer Gabel einige Löcher in den Boden.
Für den Belag **„Pizzakreis"** streiche die passierten Tomaten auf den Teigboden. Schäle die Zwiebel, schneide sie in Ringe und gib sie zusammen mit dem Thunfisch, der Petersilie und dem Mais auf die Pizza. Streue zum Schluß den Käse darüber.
Für den Belag **„Pizzadreieck"** schäle die Zwiebel und schnei-

de sie in Ringe. Wasche die Zucchini, schneide die Enden ab und schneide sie in Scheiben. Wasche die Tomate, entferne den Stengelansatz und schneide sie in Würfel. Schneide die Salami in Würfel. Lege alle Zutaten auf die Pizza und bestreue sie mit dem Oregano und dem Pfeffer.
Für den Belag **„Pizzaquadrat"** streiche die passierten Tomaten auf den Teigboden. Schneide die Fleischwurst in kleine Stücke. Schäle die Zwiebel und schneide sie in Ringe. Schneide die Champignons in Scheiben und gib sie mit der Fleischwurst, den Zwiebelringen und dem Schnittlauch auf die Pizza. Bestreue alles mit Pfeffer und gib den Käse darauf.
Für den Belag **„Pizzastange"** streiche die passierten Tomaten auf den Teigboden. Schneide den Schinken in Würfel und den Mozzarella in Scheiben. Halbiere die Paprikaschoten, entferne die Stiele, die Kerne und die weißen Scheidewände. Wasche die Schoten und schneide sie in kleine Würfel. Gib die Schinken- und Paprikawürfel auf die Pizza und lege die Mozzarellascheiben darauf.
Schiebe das Backblech in den Ofen (untere Schiene).

Backofen-Einstellung:
Ober-/Unterhitze: 180-200 °C
(vorgeheizt)
Heißluft: 160-180 °C
(nicht vorgeheizt)
Gas: etwa Stufe 4 (vorgeheizt)
Backzeit: etwa 35 Minuten.

Lasagne „Aladin"

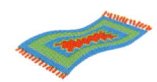

Butter oder Speiseöl zum
  Ausfetten der Form

Für das Hackfleisch:
1 mittelgroße Zwiebel
1 EL Speiseöl
300 g Rinderhackfleisch
2 EL Tomatenmark
125 ml (¹/₈ l) Wasser
1 Prise Jodsalz
frisch gemahlenen
  weißen Pfeffer
1 TL gerebelten Thymian

Für die Béchamelsauce:
40 g Butter oder Margarine
40 g Weizenmehl (Type 405)
750 ml (³/₄ l) Milch
1 Prise Jodsalz
1 Messerspitze frisch
  gemahlenen weißen Pfeffer
etwa 150 g Lasagneblätter
  (ohne Vorgaren)
150 g geriebenen Käse,
  z.B. mittelalten Gouda

Aladin hat schon viele Abenteuer erlebt. Deshalb ist er froh, wenn er in Ruhe Lasagne essen kann. Weil sie etwas aufwendiger ist, läßt er schon mal seinen Flaschengeist kochen.

Stelle bereit:

1 rechteckige Auflaufform
  (etwa 30 x 25 cm)
1 Backpinsel
1 Schälmesser

1 Küchenbrett
1 Pfanne
1 Kochlöffel
1 Kochtopf
1 Schneebesen

So wird's gemacht:

Streiche die Form mit Butter oder Öl aus. Schäle die Zwiebel und schneide sie in kleine Würfel. Erhitze das Öl in der Pfanne und dünste die Zwiebelwürfel an. Gib das Hackfleisch hinzu und brate es an. Die Fleischklümpchen zerdrücke mit einer Gabel. Rühre das Tomatenmark unter die Fleischmasse und gieße das Wasser hinzu. Lasse die Masse zugedeckt etwa 10 Minuten kochen. Dann würze sie mit Salz, Pfeffer und Thymian. Heize den Backofen vor.
Für die Béchamelsauce zerlasse die Butter bzw. die Margarine bei schwacher Hitze. Gib das Mehl hinzu und rühre es glatt. Gieße nach und nach die kalte Milch dazu und rühre kräftig durch, damit keine Klümpchen entstehen. Nimm den Topf von der Kochstelle und schmecke die Sauce mit Salz und Pfeffer ab.

Lege die Auflaufform mit einer Schicht Lasagneblättern aus, gib darauf schichtweise Hackfleisch, Lasagneblätter und Sauce. Die oberste Schicht sollte aus Sauce bestehen. Bestreue den Auflauf mit dem Käse und schiebe ihn in den Backofen (mittlere Schiene).

Backofen-Einstellung:
Ober-/Unterhitze: etwa 200 °C (vorgeheizt)
Heißluft: etwa 180 °C (nicht vorgeheizt)
Gas: Stufe 3-4 (vorgeheizt)
Backzeit: 30-40 Minuten.

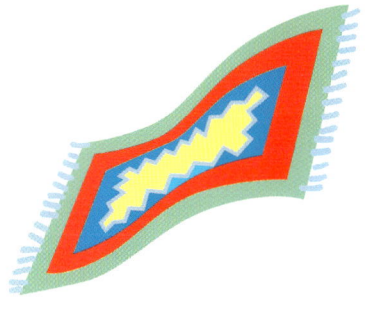

Spaghetti Bolognese

Für 4 Personen brauchst Du:

Für die Sauce:
1 große Zwiebel
2 EL Speiseöl
250 g Rinderhackfleisch
2 EL Tomatenmark
½ TL Jodsalz
etwa 800 g geschälte Tomaten
   (aus der Dose)
1 EL Crème fraîche
1 TL Zucker
1 TL gerebelten Oregano

Für die Nudeln:
1½ l Wasser
½ TL Jodsalz
250 g Spaghetti

Zum Bestreuen:
4 EL geriebenen Käse

Stelle bereit:

1 Schälmesser
1 Küchenbrett
1 Kochtopf
1 Kochlöffel/1 großen Kochtopf
1 Durchschlag

So wird's gemacht:

Schäle die Zwiebel und schneide sie in kleine Würfel. Erhitze das Öl in dem Topf, gib das

Kannst Du auch so geschickt mit Löffel und Gabel Spaghetti essen wie die Italiener? Nein? Dann hilft nur eines: Üben!

Hackfleisch dazu und brate es unter Rühren an. Zerdrücke die Klümpchen mit einer Gabel. Füge die Zwiebelwürfel, Tomatenmark, Salz und die Tomaten hinzu. Zerdrücke die Tomaten mit dem Kochlöffel und rühre alles um. Lasse die Sauce bei schwacher Hitze etwa 1 Stunde kochen. Rühre immer wieder um. Gib die Crème fraîche hinzu und schmecke die Sauce mit Zucker und Oregano ab. Stelle die Sauce warm.
Für die Nudeln bringe das Wasser mit dem Salz in dem großen Topf zum Kochen. Gib die Spaghetti hinein und drücke herausragende Nudeln mit dem Kochlöffel unter Wasser. Lasse die Spaghetti gar kochen (etwa 12 Minuten). Schütte sie auf den Durchschlag und lasse sie abtropfen. Verteile die Nudeln auf Teller, gieße die Sauce darüber und bestreue sie mit dem geriebenen Käse.

Spaghetti Carbonara

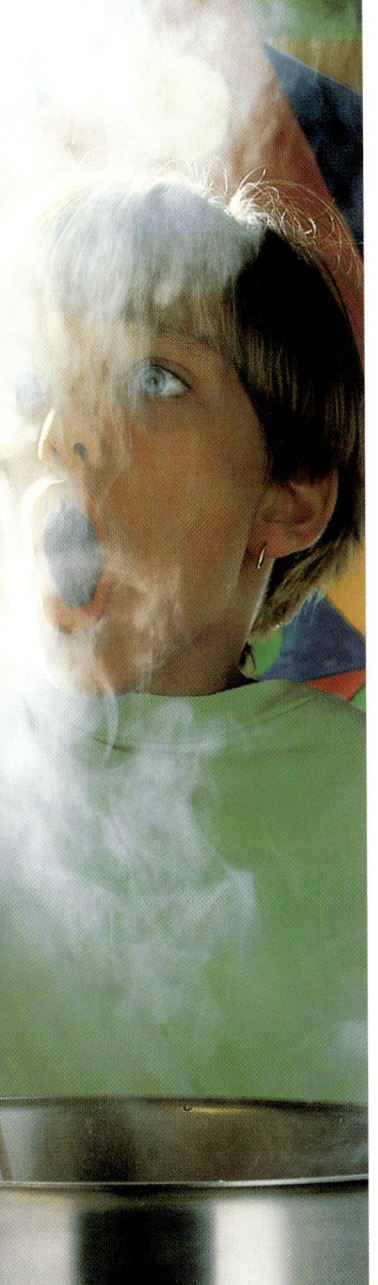

Spaghetti müssen ja nicht immer gelb sein. Nimm zur Abwechslung mal bunte Spaghetti oder Vollkornspaghetti.

Für 4 Personen brauchst Du:

Für die Nudeln:
1½ l Wasser
½ TL Jodsalz
250 g Spaghetti

Für die Sauce:
150 g gekochten Schinken
2 EL Speiseöl
125 ml (⅛ l) Schlagsahne
3 Eier
1 Messerspitze Jodsalz
1 Messerspitze gemahlenen
   schwarzen Pfeffer

Zum Bestreuen:
3 EL geriebenen Käse

Stelle bereit:

1 großen Kochtopf
1 Durchschlag
1 Küchenmesser
1 Küchenbrett
1 große Pfanne
1 Rührschüssel
1 Schneebesen
1 Kochlöffel

So wird's gemacht:

Koche die Spaghetti wie in dem Rezept „Spaghetti Bolognese". Gib sie auf den Durchschlag und lasse sie abtropfen. Schneide den Schinken in Würfel.
Erhitze das Öl in der Pfanne und brate den Schinken darin kurz an.
Verrühre mit dem Schneebesen die Sahne mit den Eiern und würze sie mit Salz und Pfeffer. Schütte die Spaghetti in die Pfanne zu dem Schinken und übergieße sie mit der Eiersahne. Rühre so lange, bis die Eier stocken. Dann gib die Spaghetti in eine Schüssel und streue den geriebenen Käse darüber.

Achtung beim Abgießen der Spaghetti! Nimm Topflappen dazu und beuge Dich nicht direkt über den heißen Dampf.

Zauberbrei vom Blech

Für 2 Personen brauchst Du:

500 g mehligkochende
   Kartoffeln
125 ml (⅛ l) Wasser
1 Messerspitze Jodsalz
40 g Butter

> Wer sagt denn, daß
> Kartoffelbrei immer gleich
> aussehen muß. Wenn
> Du diesen Brei zauberst,
> glaubt Dir keiner, daß es
> Kartoffelbrei war.

1 Eigelb
1 gestrichenen TL Weizenmehl
   (Type 405)
1 Messerspitze Jodsalz
1 Prise gemahlenen weißen
   Pfeffer
1 EL Butter oder Margarine

1 Sparschäler
1 Küchenmesser
1 Kochtopf
1 Kartoffelpresse oder
   1 Kartoffelstampfer
1 Schüssel
1 feuchtes Tuch
1 Schneebesen
1 Backblech
Backpapier
1 Spritzbeutel mit großer
   und kleiner Tülle
1 kleinen Kochtopf
1 Backpinsel

So wird's gemacht:

Wasche und schäle die Kartoffeln. Schneide sie in kleine Stücke. Bringe das Wasser mit dem Salz zum Kochen.

Lasse die Kartoffeln darin zugedeckt bei schwacher Hitze etwa 15 Minuten garen. Schütte das Wasser ab. Lasse die Kartoffeln ausdampfen und zerdrücke sie mit Hilfe der Kartoffelpresse oder des Kartoffelstampfers. Gib den Kartoffelbrei in die Schüssel. Stelle die Schüssel auf ein feuchtes Tuch, damit sie nicht verrutscht. Rühre zuerst die Butter, dann das Eigelb und das Mehl unter den Kartoffelbrei.

Schmecke den Kartoffelbrei mit Salz und Pfeffer ab. Heize den Backofen vor und belege das Backblech mit dem Backpapier. Jetzt fülle den Kartoffelteig mit einem Eßlöffel in den Spritzbeutel. Spritze Figuren, z.B. Herzen, Regenwürmer, Drachen usw. auf das Backpapier. Wechsle ruhig die Tüllengröße. Lasse die Butter oder Margarine in dem kleinen Topf schmelzen und streiche sie auf die Kartoffelbreifiguren. Schiebe das Backblech in den Backofen (mittlere Schiene).

Backofen-Einstellung:
Ober-/Unterhitze: 180-200 °C
(vorgeheizt)
Heißluft: 160-180 °C
(nicht vorgeheizt)
Gas: etwa Stufe 4 (vorgeheizt)
Backzeit: etwa 15 Minuten.

TIP

Färbe den Kartoffelbrei mit sehr fein gehackten, grünen Kräutern, dann kannst Du grüne Figuren spritzen.

Kartoffeln im Glitzerkleid

Für 3 Personen brauchst Du:

600 g mehligkochende
   Kartoffeln (6 mittelgroße)
2 TL Speiseöl zum Bepinseln
   der Folie

Für die Quarkremoulade:
125 g Speisequark
125 g saure Sahne
1 EL Speiseöl
1 EL Kräuteressig
1 TL Senf
½ TL Jodsalz
1 Messerspitze gemahlenen
   weißen Pfeffer
1 gestrichenen TL Zucker
1 EL feingeschnittenen
   Schnittlauch
1 hartgekochtes Ei
1 mittelgroße Zwiebel
1 mittelgroße süß-saure
   Essiggurke

Stelle bereit:

1 Gemüsebürste
Küchenpapier
Alufolie
1 Backpinsel
1 Küchenmesser
1 Schere
1 Schüssel
1 Schneebesen
1 Küchenbrett

Auch Kartoffeln lieben die Abwechslung und schmeißen sich schon mal in Schale. Hier ist der Gala-Auftritt für unsere liebste Knolle.

So wird's gemacht:

Bürste die Kartoffeln unter fließendem Wasser sauber. Tupfe sie mit Küchenpapier trocken und ritze sie auf der breiten Fläche kreuzweise ein. Heize den Backofen vor. Schneide aus der Folie 6 genügend große Quadrate, so daß Du eine Kartoffel hineinwickeln kannst und bepinsele diese mit dem Öl. Lege die Kartoffeln einzeln darauf und falte die Folie rundum zu. Dann setze die Folienpäckchen auf den Rost und schiebe sie in den Backofen. Dort müssen sie etwa 45 Minuten garen. Danach drücke die Folienpäckchen leicht an, damit die eingeschnittenen Stellen auf den Kartoffeln aufplatzen. Schneide die Folie auf und verteile die Quarkremoulade auf die Kartoffeln in der Folie.

Für die Quarkremoulade gib den Quark, die saure Sahne, das Öl, den Essig, den Senf, das Salz, den Pfeffer, den Zucker und den Schnittlauch in die Schüssel und verrühre alles zu einer dicklichen Sauce. Pelle das Ei und schäle die Zwiebel. Hacke das Ei in grobe Stücke und schneide die Zwiebel und die Gurke in sehr kleine Würfel. Schütte die Zutaten in die Sauce und vermische alles vorsichtig miteinander.

Backofen-Einstellung:

Ober-/Unterhitze: 180-200 °C
(vorgeheizt)
Heißluft: 160-180 °C
(nicht vorgeheizt)
Gas: etwa Stufe 4 (vorgeheizt)
Garzeit für die Kartoffeln:
etwa 45 Minuten.

Diese Kartoffeln kann man auch toll am Lagerfeuer garen. Die in Alufolie gewickelten Kartoffeln werden einfach in die Glut gelegt. Nach 30-40 Minuten sind sie weich.

Pommes „Pomm Fritz"

Butter oder Speiseöl zum Ausfetten des Backbleches
500 g festkochende Kartoffeln
½ TL Jodsalz

Stelle bereit:

1 Backblech
1 Backpinsel
1 Sparschäler
1 Küchenbrett
1 Küchenmesser
Plätzchen-Ausstechförmchen

So wird's gemacht:

Bestreiche das Backblech mit
der Butter oder dem Öl und
stelle es beiseite.
Wasche und schäle die Kartoffeln.
Für **Pommes** schneide die
Kartoffeln in etwa 1 cm dicke
und 4 cm lange Stäbchen.
Verteile die Pommes gleichmäßig auf dem Backblech und
schiebe das Blech in den
Backofen (mittlere Schiene).

Für **Kartoffelfiguren** schneide
die Kartoffeln der Länge nach
in etwa 1 cm dicke Scheiben.

Macht doch aus
Kartoffeln einmal
einen Kartoffelstempel.
Dazu schneidet
Ihr eine Kartoffel durch,
schnitzt daraus
eine Form und tunkt
sie in Farbe. Damit
kann man
z. B. Briefpapier
bedrucken.

Nun lasse Deine Phantasie
walten und schneide Buchstaben, Zahlen und Figuren aus.
Das geht ganz einfach, wenn
Du dafür Ausstechförmchen für
Plätzchen nimmst. Verteile die
Figuren auf dem Backblech.
Schnippelreste gib auch mit
darauf. Schiebe das Blech in
den Backofen (mittlere Schiene). Bestreue die fertigen Pommes und Kartoffelfiguren mit
dem Salz.

Backofen-Einstellung:
Ober-/Unterhitze: etwa 220 °C
(vorgeheizt)
Heißluft: etwa 200 °C
(nicht vorgeheizt)
Gas: etwa Stufe 5 (vorgeheizt)
Backzeit: etwa 45 Minuten.

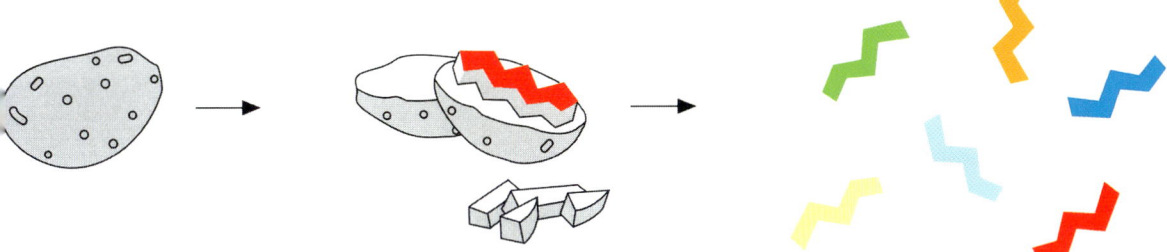

Risi-Pisi

Für 4 Personen brauchst Du:

300 g tiefgefrorene feine
 Erbsen (1 Päckchen)
1 große Zwiebel
4 EL Olivenöl
250 g Langkornreis
1 gestrichenen TL Jodsalz
1 l Wasser
1 Messerspitze gemahlenen
 schwarzen Pfeffer

Stelle bereit:

1 Schüssel
1 Schälmesser
1 Küchenbrett
1 großen Kochtopf
1 Kochlöffel

So wird's gemacht:

Gib die Erbsen in die Schüssel
und lasse sie antauen. Schäle
die Zwiebel und schneide sie in
kleine Würfel. Erhitze das Öl in
dem Topf und dünste die Zwiebelwürfel bei schwacher Hitze
darin an. Schütte den Reis dazu
und streue das Salz darüber.
Gieße das Wasser hinzu und
bringe es zum Kochen. Lasse
den Reis zugedeckt bei schwacher Hitze etwa 10 Minuten
quellen. Rühre häufig um.

**Was so seltsam
klingt, ist eines der
Lieblingsgerichte
italienischer Kinder.
Und die wissen,
was schmeckt!
Bene!**

Menge die angetauten Erbsen
unter den Reis, lasse alles
nochmals kurz aufkochen und
schalte die Temperatur herunter. Jetzt muß der Reis noch
etwa 15 Minuten weiterquellen.
Zum Schluß schmecke das
Gericht mit Pfeffer ab.

Milchreis

1 l Milch
1 Prise Jodsalz
½ Zimtstange
200 g Rundkornreis
2 gestrichene EL Zucker
Zimt und Zucker

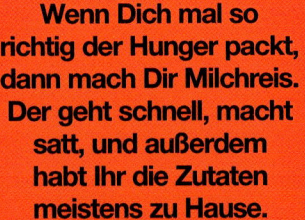

Wenn Dich mal so richtig der Hunger packt, dann mach Dir Milchreis. Der geht schnell, macht satt, und außerdem habt Ihr die Zutaten meistens zu Hause.

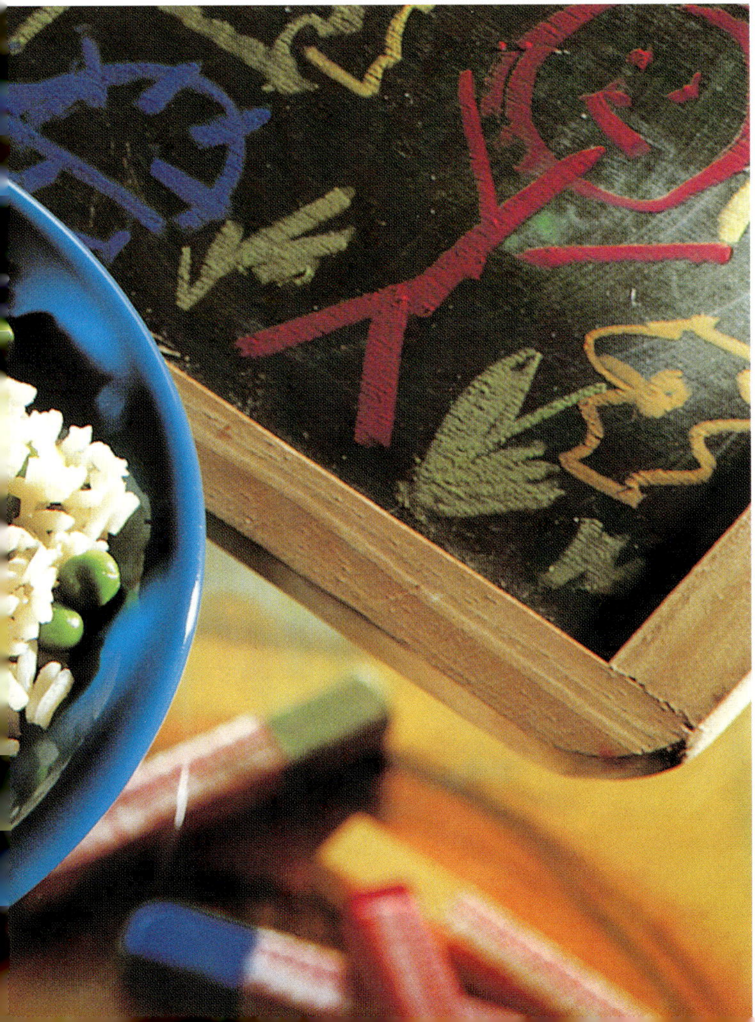

Stelle bereit:

1 Kochtopf
1 Kochlöffel

So wird's gemacht:

Bringe die Milch mit dem Salz und der Zimtstange zum Kochen. Gib den Reis und den Zucker hinzu und lasse den Reis bei schwacher Hitze etwa 25 Minuten quellen. Rühre immer wieder um, damit der Reis nicht anbrennt. Nach etwa 15 Minuten kannst Du die Herdplatte ausschalten. Sie bleibt noch eine Weile heiß und Du sparst Strom. Vor dem Essen nimm die Zimtstange heraus und bestreue den Reis mit Zimt und Zucker.

Lecker schmeckt es, wenn Du unter den abgekühlten Reis Himbeeren oder Heidelbeeren rührst. Frisches Obst schmeckt am besten, aber tiefgekühltes kannst Du auch verwenden. Außerdem kannst Du steifgeschlagene Sahne darunterheben.

Pfannkuchen
Max und Moritz

Für das Pfannkuchen-Grundrezept:

100 g Weizenmehl (Type 405)
100 ml Mineralwasser
125 ml ($\frac{1}{8}$ l) Milch
1 Ei

Für den pikanten
Max-Pfannkuchen:

1 Portion Pfannkuchenteig
1 Prise Jodsalz
frisch gemahlenen
   weißen Pfeffer
150 g Cocktailtomaten
3 Scheiben gekochten
   Schinken
1 Bund Schnittlauch
3 EL Speiseöl
200 g Maiskörner
   (aus der Dose)

Für den süßen
Moritz-Pfannkuchen:

1 Portion Pfannkuchenteig
1 TL Zucker
3 EL Speiseöl
etwa 370 g Sauerkirschen
   (aus dem Glas)
1-2 EL Puderzucker

Max und Moritz,
diese beiden mögt Ihr
sicher gerne leiden.
Eine tolle Variante
bringt Max, der
Pikante. Und die Krönung
der Genüsse liefert
Moritz, der Süße.

Stelle bereit:

1 Sieb
1 Rührschüssel
1 Schneebesen
1 kleine Pfanne
1 kleine Schöpfkelle
1 Pfannenwender

So wird´s gemacht:

Siebe das Mehl in die Rührschüssel. Gib das Mineralwasser, die Milch und das Ei hinzu
und verrühre alle Zutaten zu
einem glatten Teig.

Für den **Max-Pfannkuchen**
rühre Salz und Pfeffer unter
den Teig. Wasche die Tomaten
und halbiere sie. Schneide den
Schinken in Streifen oder Würfel. Wasche den Schnittlauch
und schneide ihn klein.

Erhitze etwa 1 Eßlöffel Öl in der
Pfanne und gib mit der Kelle
etwa $\frac{1}{3}$ Teig hinein. Bewege
die Pfanne hin und her, damit
sich der Teig gut verteilt.
Verteile jeweils $\frac{1}{3}$ Tomaten,
Schinkenwürfel, Schnittlauch
und Maiskörner auf dem Pfannkuchen. Backe den Pfannkuchen zugedeckt so lange, bis
sich die Unterseite bräunt.
Nimm ihn mit einem Pfannenwender heraus und stelle ihn
warm. Backe die übrigen
Pfannkuchen genauso.

Für den **Moritz-Pfannkuchen**
bereite wie oben – nur mit
Zucker anstatt Salz und Pfeffer
– einen Pfannkuchenteig.
Schütte die Kirschen auf ein
Sieb und lasse sie abtropfen.
Den Saft kannst Du auffangen
und weiterverwenden.
Gib mit der Kelle $\frac{1}{3}$ Pfannkuchenteig in die Pfanne und verteile $\frac{1}{3}$ der Kirschen darauf.
Backe den Pfannkuchen zuge-
deckt so lange, bis sich die
Unterseite bräunt. Nimm ihn mit
einem Pfannenwender heraus
und stelle ihn warm. Backe die
übrigen Pfannkuchen genauso.
Vor dem Essen bestreust Du
sie noch mit Puderzucker.

Heiße Party-Scheiben

Für 4 Personen brauchst Du:

12 Scheiben Vollkorntoastbrot
etwas Butter oder Margarine
4 Ananasscheiben
  (aus der Dose)
4 Scheiben Schnittkäse,
  z.B. mittelalten Gouda
4 Scheiben gekochten
  Schinken
4 Pfirsichhälften (aus der Dose)
1 Dose Thunfisch
  (im eigenen Saft)
1 Zwiebel

Stelle bereit:

1 Toaster
1 Küchenbrett
1 Schälmesser
1 Backblech/Backpapier

So wird's gemacht:

Toaste die Brotscheiben und
bestreiche sie dünn mit Butter
oder Margarine.
Auf 4 Toastscheiben lege je
1 Ananasscheibe und darauf je
1 Scheibe Käse. Schiebe die
4 Toastscheiben auf dem mit
Backpapier belegten Backblech
in den Backofen.
Auf 4 weitere Toastscheiben
lege je 1 Scheibe Schinken und

Diese Toasts sind
einfach super für
Parties oder
wenn mal viele Freunde
kommen. Sie gehen
fix, lassen sich prima
vorbereiten und
schmecken immer.

darauf je 1 Pfirsichhälfte.
Verteile den Thunfisch auf den
letzten 4 Scheiben. Schäle die

Zwiebel, schneide sie in Ringe
und lege diese auf den Thunfisch. Wenn Du möchtest,
kannst Du auch diese Toasts
in den Ofen schieben.

Backofen-Einstellung:

Ober-/Unterhitze: etwa 200 °C
(vorgeheizt)
Heißluft: etwa 180 °C
(nicht vorgeheizt)
Gas: etwa Stufe 4 (vorgeheizt)
Backzeit: etwa 10 Minuten.

Balus Bananen-Toast

Für 1 Person brauchst Du:

2 Scheiben Vollkorntoastbrot
50 g Hüttenkäse
½ Banane
ein paar Tropfen Zitronensaft
1 Scheibe gekochten Schinken

Stelle bereit:

1 Toaster
1 Küchenmesser
1 Küchenbrettchen

Einmal im Jahr findet im Urwald ein großes Treffen statt.
Alle Tiere kommen: die Affen, die Panther, die Schlangen usw.
Und der Gipfel sind jedesmal Balus Bananen-Toasts!

So wird's gemacht:

Toaste die Brotscheiben und bestreiche sie mit dem Hüttenkäse.
Schneide die Banane in Scheibchen und lege sie auf eine Toastscheibe.
Beträufele die Bananenscheibchen mit dem Zitronensaft, damit sie nicht braun werden.
Lege den Kochschinken auf den belegten Toast.
Lege die zweite Scheibe Toast nun wie einen Deckel auf den Bananen-Schinken-Toast.

TIP

Wer es lieber ganz süß mag, belegt den Toast nur mit Bananen und gibt noch andere Früchte, z.B. Weintrauben, mit darauf.

Süße Überraschung

Butter oder Speiseöl zum
 Ausfetten der Formen
250 ml (¼ l) Milch
1 Prise Jodsalz
25 g Hartweizen-Grieß
1 Päckchen Vanillin-Zucker
2 EL Zucker
1 ½ EL Zitronensaft
100 g Crème fraîche
2 Eigelb
2 mittelgroße Möhren
2 mittelgroße, säuerliche Äpfel,
 z.B. Boskop
50 g gemahlene Haselnußkerne
 oder abgezogene, gemahlene
 Mandeln
1 Messerspitze Backpulver
2 Eiweiß

Es gibt ja viele Überraschungen, doch diese Überraschung ist bestimmt die süßeste. Ausprobieren!

Stelle bereit:

3 kleine Auflaufformen
 (Durchmesser etwa 14 cm)
 oder 1 große Auflaufform
1 Backpinsel
1 Kochtopf
1 Schneebesen
1 Teigschaber
1 Schüssel
1 Küchenmesser
1 Gemüsereibe
1 Rührschüssel
1 Handrührgerät mit Rührbesen

So wird's gemacht:

Pinsele die Auflaufformen, bzw. die Auflaufform sorgfältig mit der Butter oder dem Öl aus. Bringe die Milch mit dem Salz in dem Topf zum Kochen und schütte unter Rühren den Grieß in die kochende Flüssigkeit. Decke den Topf zu und lasse den Grieß bei schwacher Hitze etwa 3 Minuten quellen. Heize den Backofen vor. Gib den Grießbrei mit Hilfe des Teigschabers in die Schüssel. Rühre mit dem Schneebesen den Vanillin-Zucker, den Zucker, den Zitronensaft, die Crème fraîche und das Eigelb unter den Grießbrei. Wasche die Möhren und schneide die Enden ab. Schäle die Möhren und reibe sie auf der feinen

Toll schmeckt zu diesem Auflauf eine Vanillesauce. Wer Rosinen mag, kann gerne 1-2 Eßlöffel dazugeben.

Seite der Gemüsereibe zu dem Brei. Schäle die Äpfel, viertele sie, schneide das Kerngehäuse heraus und reibe sie auf der groben Seite der Gemüsereibe ebenfalls in die Schüssel. Gib die Haselnußkerne oder Mandeln und das Backpulver dazu.

Verrühre alle Zutaten mit dem Schneebesen. Schlage das Eiweiß zu steifem Schnee, hebe ihn vorsichtig unter die Grießmasse und fülle die Masse in die Auflaufformen. Schiebe die Formen auf dem Rost in den Backofen (mittlere Schiene).

Backofen-Einstellung:
Ober-/Unterhitze: 180-200 °C (vorgeheizt)
Heißluft: 160-180 °C (nicht vorgeheizt)
Gas: etwa Stufe 4 (vorgeheizt)
Backzeit: etwa 35 Minuten.

Power-Burger „Knack und Käse"

Für 2 große Power-Burger brauchst Du:

Für das Power-Burger-Grundrezept:
1 kleine Zwiebel
200 g Rinderhackfleisch
1 Ei
2 EL Semmelbrösel
2 Messerspitzen Jodsalz
1 Messerspitze gemahlenen
   schwarzen Pfeffer
1 EL Speiseöl

Für den Gemüseburger:
1 Dreikornbrötchen
1 gestrichenen TL Butter
   oder Margarine
2 große Salatblätter
3 Scheiben Salatgurke
1/2 geraspelte Möhre

Für den Käseburger:
1 Milch- oder Käsebrötchen
1 gestrichenen TL Butter
   oder Margarine
1 kleine Tomate
2 große Salatblätter
1 TL Tomatenketchup
1/2 Scheibe Schnittkäse

Leute, was gibt's hier noch zu sagen: Nix wie ran an die Buletten!

Stelle bereit:

1 Schälmesser
1 Küchenbrett
1 Rührschüssel
1 Pfanne
1 Pfannenwender
1 Küchenmesser

So wird's gemacht:

Schäle die Zwiebel und schneide sie in kleine Würfel.
Gib das Hackfleisch mit dem Ei, den Semmelbröseln, den Zwiebelwürfeln, Salz und Pfeffer in die Schüssel und vermenge die Zutaten gut miteinander. Dann forme aus dem Hackfleischteig zwei große Hamburger.
Erhitze das Öl in der Pfanne und brate die Hamburger von jeder Seite etwa 5 Minuten braun an.

Für den **Gemüseburger** schneide das Brötchen in zwei Hälften und bestreiche jede Seite mit Butter oder Margarine. Wasche die Salatblätter und lasse sie abtropfen. Belege das Brötchen der Reihe nach mit einem Salatblatt, dem Burger, den Gurkenscheiben, den Möhrenraspeln und dem zweiten Salatblatt. Dann kannst Du das Brötchen zuklappen.

Für den **Käseburger** schneide das Brötchen in zwei Hälften und bestreiche jede Seite mit Butter oder Margarine.
Wasche die Tomate und schneide sie in Scheiben. Wasche die Salatblätter und lasse sie abtropfen. Belege den Käseburger zuerst mit einem Salatblatt und dann dem Burger. Streiche das Tomatenketchup auf den Burger und lege die Tomatenscheiben darauf. Jetzt kommt das zweite Salatblatt darauf und zum Abschluß die Käsescheibe. Zuklappen und futtern.

Dschungelschnitzel à la Tarzan

2 kleine Putenschnitzel
  (je etwa 180 g)
1 Prise Jodsalz
etwas Currypulver
1 Ei
3 gehäufte EL Kokosflocken
3 EL Speiseöl
½ Zitrone

Stelle bereit:

Küchenpapier
2 flache Teller
1 Pfanne
1 Pfannenwender
1 Zitronenpresse

Tarzan ist nicht nur der Herr des Dschungels, er ist nebenbei auch ein hervorragender Schnitzelkoch. Das läßt sich keiner entgehen!

So wird's gemacht:

Spüle die Putenschnitzel unter fließendem kaltem Wasser ab und tupfe sie mit Küchenpapier trocken. Bestreue jede Seite mit Salz und Currypulver. Schlage das Ei auf den einen Teller und verschlage es mit einer Gabel. Schütte die Kokosflocken auf den anderen Teller. Wende die Putenschnitzel zuerst im Ei und wälze sie dann in den Kokosflocken. Drücke die Kokosflocken etwas an. Erhitze das Öl in der Pfanne und brate die Putenschnitzel vorsichtig von jeder Seite etwa 5 Minuten goldgelb.
Presse die Zitrone aus und beträufle die Schnitzel mit dem Zitronensaft.

Statt der Kokosflocken kannst Du auch Semmelbrösel nehmen. Zu diesem Schnitzel passen Gemüse, Kartoffeln und Salat.

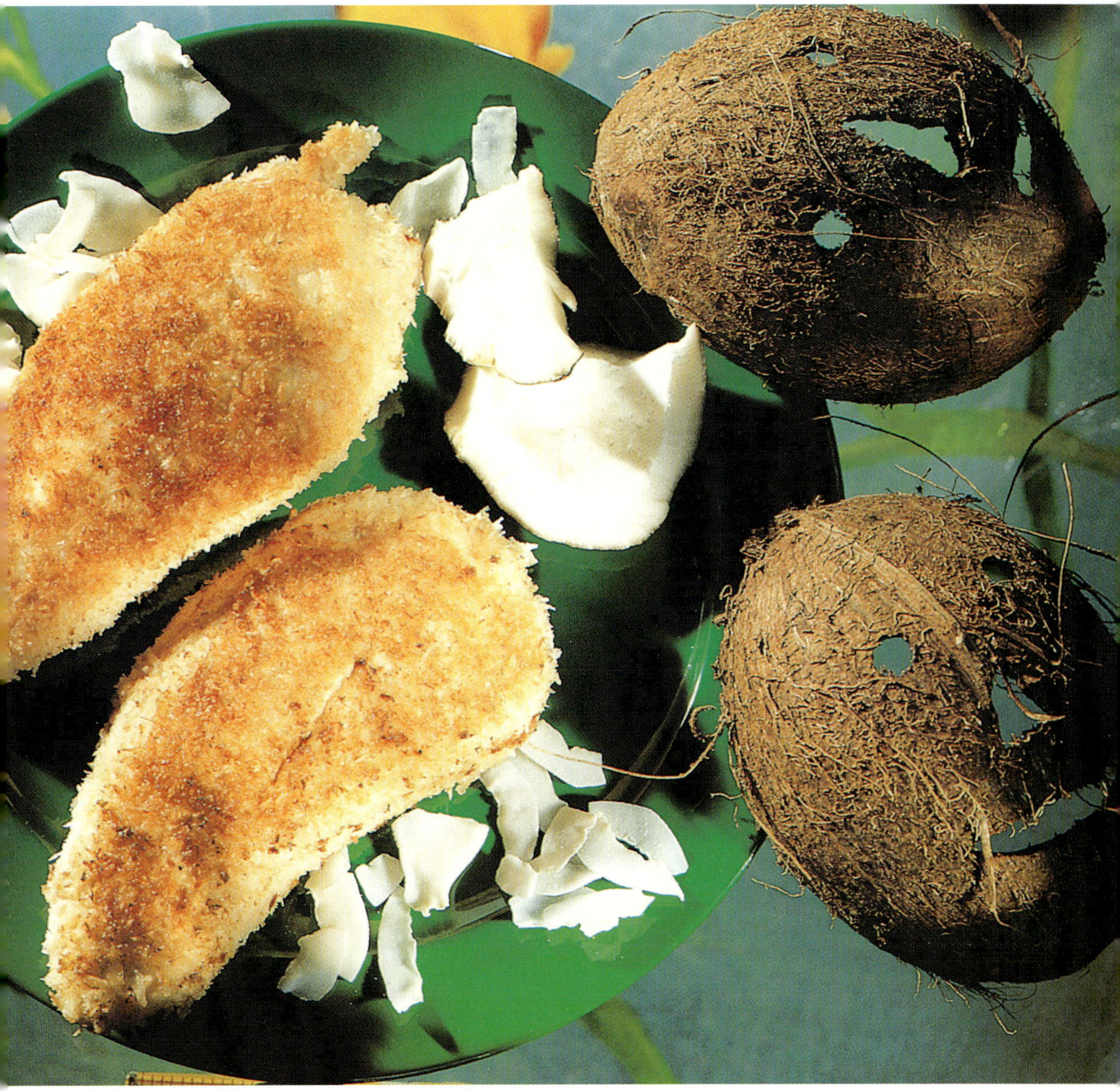

Piraten-Spießchen

Für 3 Personen brauchst Du:

375 g Rinderfilet
oder dickes Roastbeef
1 Messerspitze gemahlenen
weißen Pfeffer
3 kleine Zwiebeln
3 kleine eingelegte
Maiskölbchen
1 rote Paprikaschote
1 gelbe Paprikaschote
2 EL Speiseöl
1 gestrichenen TL Jodsalz

Stelle bereit:

Küchenpapier
1 Küchenbrett
1 Küchenmesser
1 Schälmesser
3 Schaschlikspieße
1 Pfanne

Für ein Gartenfest mit Deinen Freunden sind diese Spießchen große Klasse. Reiche dazu noch ein Baguette und eine erfrischende Bowle. Das wird ein Sommerhit.

So wird's gemacht:

Spüle das Fleisch unter fließendem kaltem Wasser ab und tupfe es mit Küchenpapier trocken. Schneide das Fleisch nun in 15 Würfel und bestreue sie mit dem Pfeffer.
Schäle und halbiere die Zwiebeln. Schneide die Maiskölbchen quer durch.
Halbiere die Paprikaschoten, entferne den Stiel, die Kerne und die weißen Scheidewände. Wasche die Schoten und schneide sie in 21 große Stücke.
Stecke die Fleischwürfel abwechselnd mit dem Gemüse auf die 3 Schaschlikspieße. Das erste und das letzte Stück sollte Fleisch sein, dann kann nichts vom Spieß rutschen.

Erhitze das Öl in der Pfanne und brate die Spieße von allen Seiten 8-10 Minuten. Würze sie zum Schluß mit dem Salz. Zu den Spießchen paßt neben Weißbrot am besten Reis, Hirse und ein Salat.

Gut schmeckt auch Hähnchen- oder Putenfleisch auf den Spießen. Gerne kannst Du Dir auch andere Gemüsesorten dazu aufspießen, z.B. grüne Paprika, Tomaten, Kohlrabi, Möhren usw.

Hot Dogs

1 ½ l Wasser
2 Wiener Würstchen
2 Essiggurken
1 kleine Zwiebel

Das Ärgerliche an Hot Dogs: Man bekleckert sich schnell. Wollt Ihr das? Also Servietten her.

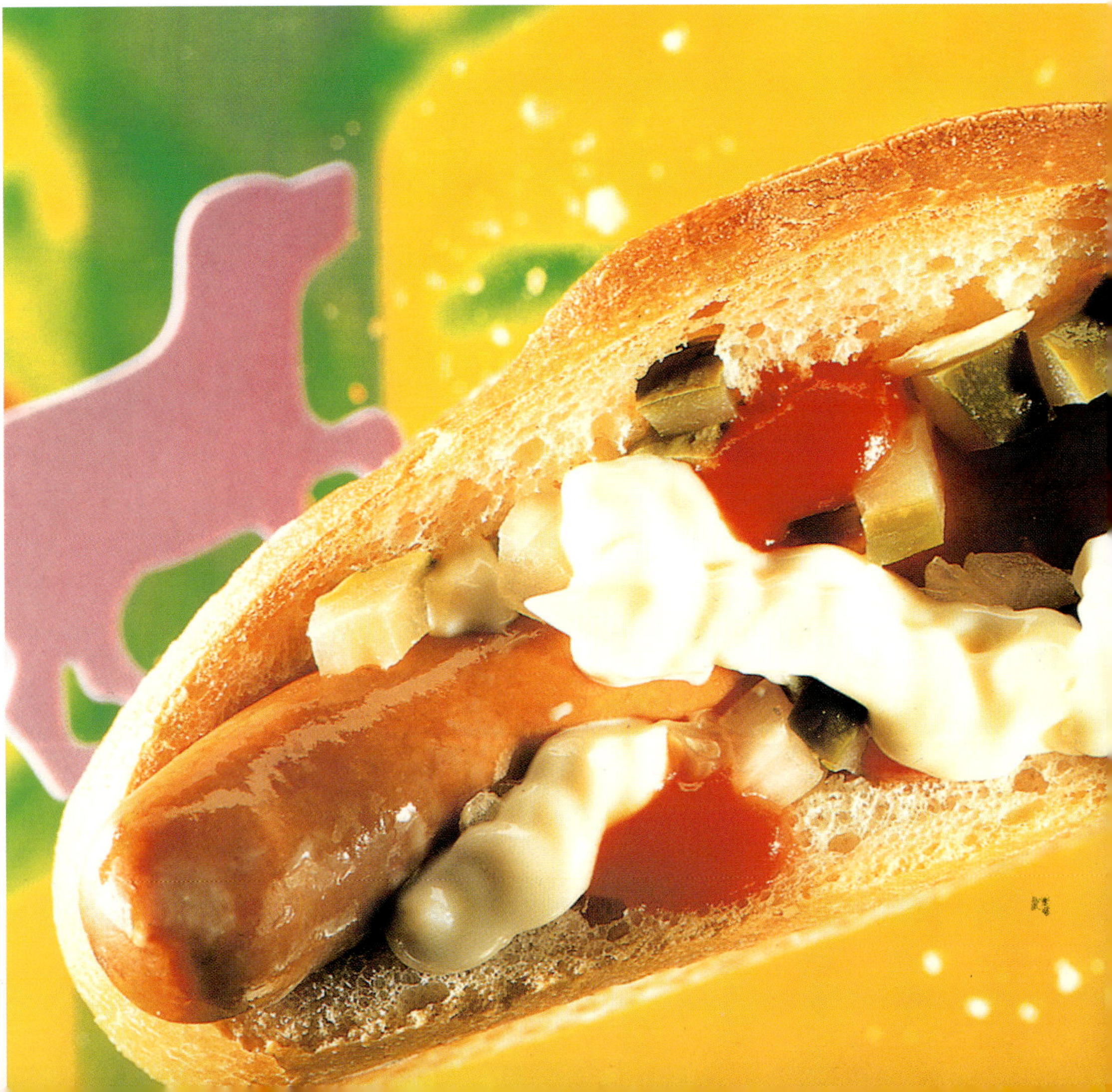

2 Baguette- oder Dreikornbrötchen
etwa 2 EL Tomatenketchup
etwas Senf oder Mayonnaise

So wird's gemacht:

Erhitze das Wasser, gib die Würstchen hinein und lasse sie etwa 10 Minuten ohne Deckel garziehen. Das Wasser darf nicht kochen, sondern muß nur sehr heiß sein.

Schneide die Essiggurken in kleine Würfel. Schäle die Zwiebel und schneide sie ebenfalls in kleine Würfel.

Schneide von den Brötchen an der langen Seite eine dünne Scheibe ab. Höhle die Brötchen mit einem Teelöffel etwas aus. Stecke in jedes Brötchen eine Wurst hinein. Gib die Gurken- und Zwiebelwürfel, das Tomatenketchup und zum Schluß den Senf bzw. die Mayonnaise mit hinein.

Stelle bereit:

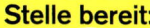

1 Kochtopf
1 Küchenmesser
1 Küchenbrett

TIP

Weißt Du, daß Hot Dogs (auf Deutsch: Heiße Hunde) kein bißchen gesund sind? Ehrlich! Deshalb ißt Du dazu am besten einen frischen Salat. Der hat ganz viele Vitamine und Mineralstoffe!

Kunterbunte Götterspeise

Für 6 Personen brauchst Du:

je 1 Päckchen Götterspeise
   rot, gelb und grün
je Päckchen 100 g Zucker
je Päckchen ½ l Wasser
Obst je nach Jahreszeit,
   z.B. Bananen, Weintrauben,
   Kiwis, Äpfel, Erdbeeren

Stelle bereit:

1 kleine Schüssel
1 große Schüssel
1 Schneebesen

So wird's gemacht:

Bereite nach der Anleitung auf
dem Päckchen zuerst die rote
Götterspeise zu und gieße sie in
die große Schüssel.
Stelle die Schüssel kurz in den
Kühlschrank, damit sie fest
wird.
In der Zwischenzeit bereite die
gelbe Götterspeise zu. Wasche
und schäle - wenn notwendig -
das Obst und schneide es in
kleine Stücke. Nimm die rote
Götterspeise aus dem Kühlschrank, lege das Obst darauf
und gieße die gelbe Götterspeise darüber. Stelle die Schüssel
wieder in den Kühlschrank.

> Verstecke doch mal
> Gummibärchen in der
> abgekühlten Grütze. Wer
> aus seiner Portion eines
> herausfischt, darf sich von
> den anderen etwas
> wünschen, z.B. ein Lied.

Bereite die grüne Götterspeise
zu, lege wieder eine Schicht
Obst dazwischen und gieße die
grüne als Abschluß obenauf.
Stelle die Götterspeise über
Nacht in den Kühlschrank,
damit sie schön fest wird.

Pi-Pa-Popcorn

Für 4 Personen brauchst Du:

2-3 EL Speiseöl
250 g Popcorn-Mais
Zucker oder Salz
Anispulver oder Zimtpulver
  oder Zucker mit Kakao

Leute, Popcorn ist nicht nur der „Knaller" auf jeder Geburtstagsfete, sondern ein absolutes Muß, wenn Ihr mal ins Kino geht oder einen spannenden Fernsehfilm anguckt.

Stelle bereit:

1 großen Topf mit Deckel
1 Schüssel

So wird's gemacht:

Erhitze das Öl in dem Topf bei mittlerer Hitze. Schütte den Popcorn-Mais etwa $\frac{1}{2}$ cm hoch in das heiße Öl und decke den Topf zu. Nun beginnen die Maiskörner aufzuplatzen. Sobald das Knallen vorbei ist, nimm die Pfanne von der Koch-stelle und schütte das Popcorn in eine Schüssel. Anschließend kannst Du es nach Deinem Geschmack mit Zucker, Salz, Anis- oder Zimtpulver oder Zucker mit Kakao bestreuen.

Probiert doch einmal Pop-corn zum Schokoladen-Fon-due auf Seite 56! Übrigens gibt es richtige „Popcorn-Maschinen". Damit geht's noch besser.

Gespenster-grütze

Für die Grütze:
250 g rote Johannisbeeren
500 g entsteinte Süßkirschen
250 g Himbeeren
500 ml ($\frac{1}{2}$ l) Kirschsaft
   oder Wasser
1 gehäuften EL Speisestärke
4 gestrichene EL Zucker

Für die Sauce:
500 ml ($\frac{1}{2}$ l) Milch
1 Päckchen Dessert-Sauce
   Vanille-Geschmack
$\frac{1}{2}$ Päckchen Vanillin-Zucker
1 gestrichenen EL Zucker

Stelle bereit:

1 Tasse
1 Kochtopf
1 Kochlöffel
1 Schöpfkelle
1 Puddingform
1 Kochtopf

Gespenster lieben süße Grütze mit Vanille-Sauce. Kaum zu glauben, wie gespenstisch schnell sich die Schüssel leert. Wenn bei Dir die Grütze auch auf so unerklärliche Weise verschwindet, ist es vielleicht Euer Hausgespenst - oder?

So wird's gemacht:

Wasche die Früchte und entferne die Rispen und Stiele.
Rühre die Speisestärke mit 4 Eßlöffeln von dem Saft oder dem Wasser in der Tasse an. Bringe die restliche Flüssigkeit mit dem Zucker zum Kochen. Dann rühre die angerührte Speisestärke hinein und nimm den Topf von der Kochstelle. Rühre die Früchte unter, fülle die Rote Grütze in eine Puddingform oder Glasschale und stelle sie kalt.
Nach dem Erkalten stürzst Du die Grütze auf einen großen flachen Teller.
Koche aus der Milch, dem Saucenpulver, dem Vanillin-Zucker und dem Zucker nach

der Anleitung auf dem Päckchen die Vanille-Sauce und lasse sie abkühlen. Rühre sie immer wieder um, damit sich keine Haut bildet. Dann gieße die Sauce über die Grütze.

Mach doch mal eine Grüne Grütze:

Dazu brauchst Du:

500 g Stachelbeeren
250 g Kiwis
250 g grüne Weintrauben
500 ml ($\frac{1}{2}$ l) Stachelbeersaft
1 gehäuften EL Speisestärke
4 gestrichene EL Zucker

Die Grüne Grütze wird genauso zubereitet wie die Rote Grütze.

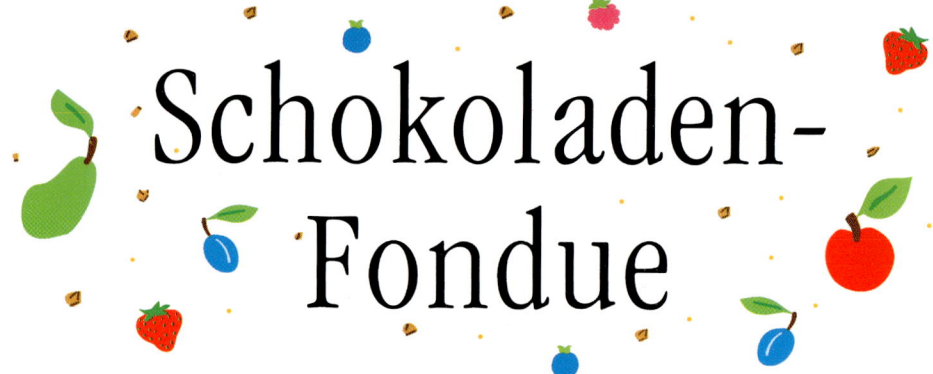

Schokoladen-Fondue

Für 4 Personen brauchst Du:

16 große blaue
   oder grüne Weintrauben
8 Pflaumen
1 Birne
1 Apfel
4 Scheiben Stutenbrot
1 Zitrone
1 Tafel Vollmilchschokolade
   (100 g)
1 Tafel Halbbitterschokolade
   (100 g)
250 ml (¼ l) Schlagsahne
2 EL Johannisbeergelee

Stelle bereit:

Küchenpapier
1 Küchenbrett
1 Küchenmesser
4 Schälchen oder Teller
1 Zitronenpresse
1 Brotkorb
1 Rechaud mit Spiritusbrenner
1 Fonduetopf oder ersatzweise
   1 Stövchen und
   1 feuerfeste Schüssel
1 Schneebesen
4 Fonduegabeln oder
   hölzerne Schaschlik-
   stäbchen

Fondues sind der
Renner auf Geburtstags-
oder sonstigen Parties.
Die Erwachsenen
machen Fondues
mit Käse und Fleisch –
auch nicht schlecht.
Aber den wahren
Geschmack bringt erst
Schokolade.

So wird's gemacht:

Wasche das Obst und tupfe es
mit Küchenpapier trocken.
Halbiere die Weintrauben und
die Pflaumen und entkerne bzw.
entsteine sie. Schäle die Birne
und den Apfel und schneide
das Obst in kleine Stücke.
Schneide die Brotscheiben in
kleine Würfel. Verteile das Obst
auf die Schälchen oder Teller.
Presse die Zitrone aus und
beträufle das Obst mit dem
Saft, damit es nicht braun wird.
Gib das Brot in den Brotkorb.
Breche die Schokolade in kleine
Stücke.
Erwärme die Sahne in dem
Fonduetopf, gib die Schokolade
hinein und bringe sie unter

Rühren zum Schmelzen. Zum
Schluß mische das Gelee darunter. Dann spieße nach Lust
und Laune die Früchte und das
Stutenbrot auf die Gabeln und
tunke sie in heiße Schokolade.

Schmelzender Schneemann

500 ml (½ l) Milch
50 g Blockschokolade
2 gehäufte TL Kakao
3 EL Vanilleeis

Er ist heiß.
Er ist süß.
Er schmeckt und macht
richtig satt.
Super.

Stelle bereit:

1 Kochtopf
1 Schneebesen
3 große Trinkbecher

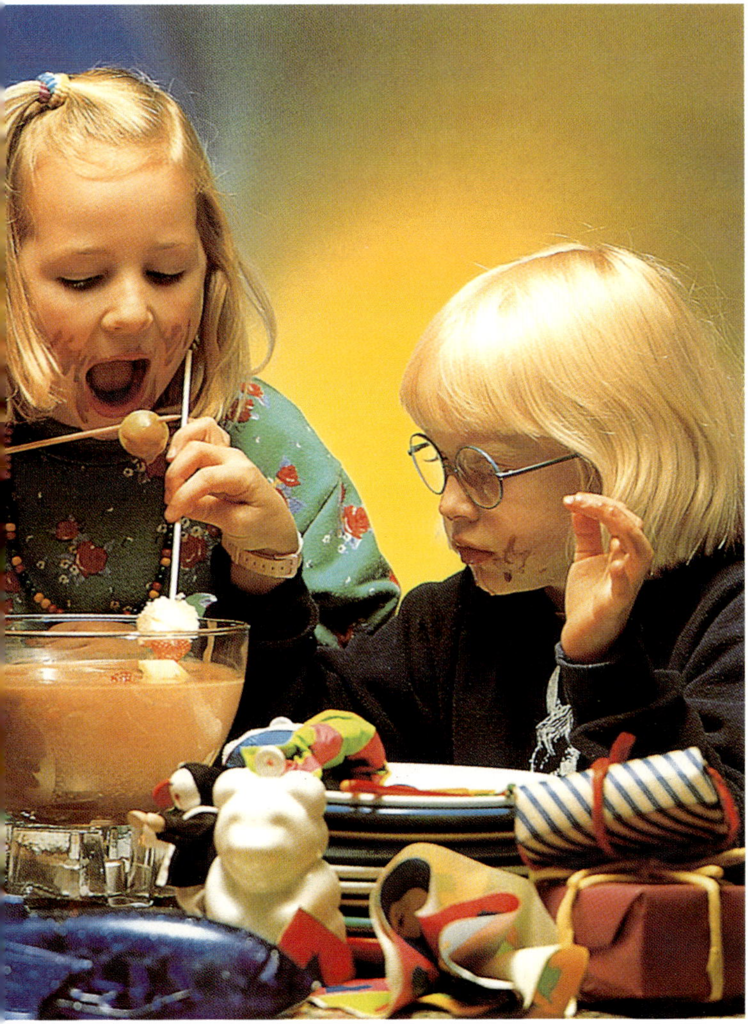

So wird's gemacht:

Gieße die Milch in den Topf und bringe sie zum Kochen. Rühre die Schokolade und den Kakao unter. Nimm den Topf von der Kochstelle und rühre so lange weiter, bis die Schokolade gelöst ist.
Lege das Vanilleeis in die Becher und gieße die heiße Schokolade darüber.

Statt Vanilleeis kannst Du auch anderes Eis, z.B. Schokoladeneis, nehmen! Anstatt Blockschokolade kannst Du auch Deine Lieblingsschokolade nehmen.

Zwei dufte Typen für die Milchbar

Für 4 Personen brauchst Du:

Für den **Bananen-Shake:**
2 Bananen
2 EL Zitronensaft
1 l Milch
1 Päckchen Vanillin-Zucker

Für den **Erdbeer-Shake:**
250 g tiefgefrorene Erdbeeren
2 gestrichene EL Zucker
1 TL Zitronensaft
1 l Milch

Stelle bereit:

1 Küchenmesser
1 Mixer (oder 1 Handrührgerät
  mit Schnellmixstab)
1 Schüssel

So wird's gemacht:

Für den **Bananen-Shake**
schäle die Bananen und schneide sie klein. Fülle die Bananen-
stücke und den Zitronensaft in
einen Mixer und püriere sie.
Dann gieße die Milch hinein,
streue den Vanillin-Zucker dazu
und püriere alles noch einmal.

Leute, findet Ihr das
auch so langweilig, wenn
man überall nur Limo
und Cola bekommt?
Wie wär's mit einem
tollen Shake, der ge-
nauso aussieht, wie die
Drinks, die die Erwachse-
nen an der Bar trinken.
Dabei sind Eurer
Phantasie keine Grenzen
gesetzt, denn Ihr könnt
fast alles in den Mixer
werfen (vielleicht keine
Essiggurken!).

Für den **Erdbeer-Shake** lasse
die Erdbeeren in der Schüssel
auftauen.
Fülle sie in den Mixer, gib den
Zucker, den Zitronensaft und
die Milch dazu und püriere alles.
Falls der Mixer zu klein für die
Milchmenge ist, püriest Du erst
alles mit wenig Milch, füllst den
Brei in einen Krug und verrührst
ihn dann mit der restlichen
Milch.

**Verziere die Shakes mit
witzigen Trinkhalmen.**

Hexentrunk „Abrakadabra"

Für 8 Personen brauchst Du:

2 Honigmelonen (etwa 1¹/₂ kg)
1 Zitrone
1 Päckchen Vanillin-Zucker
2 gehäufte EL Zucker
1 l Apfelsaft (klar)
750 ml (³/₄ l) Orangensaft
1 Orange (unbehandelt)
1 Zitrone (unbehandelt)
750 ml (³/₄ l) kaltes
   Mineralwasser

Stelle bereit:

1 Küchenbrett
1 Küchenmesser
1 Schälmesser
1 Buntmesser
1 Kugelausstecher
1 großes Bowlengefäß oder
   1 großen Glaskrug
1 Zitronenpresse
1 Schöpfkelle

So wird's gemacht:

Teile die Melonen in Viertel, kratze die Kerne mit einem Löffel heraus und schäle die harte Außenschale dick ab.
Schneide mit dem Buntmesser kleine Würfel, Stäbchen oder Figuren aus dem Melonenfruchtfleisch und stich mit dem Kugelausstecher kleine Kugeln aus. Gib alles in das Bowlegefäß oder in den Glaskrug.
Presse die Zitrone aus, gieße den Saft über die Melonenstücke und streue den Vanillin-Zucker und den Zucker hinzu. Dann schütte den Apfel- und Orangensaft hinein. Schneide die unbehandelte Orange und Zitrone in Scheiben und gib sie in die Bowle. Decke das Gefäß ab und stelle es etwa 6 Stunden in den Kühlschrank. Kurz vor dem Servieren entferne die Orangen- und Zitronenscheiben. Gieße das Mineralwasser in die Bowle und rühre vorsichtig mit der Schöpfkelle alle Zutaten einmal um.

Wenn sich die kleinen und die großen Hexen am 30. April zur Walpurgisnacht treffen, brauen sie sich immer diesen Trunk. Angeblich sollen ihnen damit bessere Hexereien einfallen. Probiert's mal aus. Vielleicht geht's Euch genauso.

TIP

Wer mag, kann die Bowle anstatt mit Honigmelonen mit Wassermelonen ansetzen. Dazu brauchst Du dann den Saft von 2 Zitronen.

Prickelnde Orangenbowle

Für 4 Personen brauchst Du:

4 Orangen
1 l Apfelsaft
gut 250 ml (¹/₄ l) Mineralwasser

Wenn Du ganz schnell einen erfrischenden Drink brauchst, ist diese Bowle genau das Richtige für Dich.

Stelle bereit:

1 Küchenbrett
1 Küchenmesser
1 Glaskrug

So wird's gemacht:

Schäle die Orangen und teile
sie in Spalten. Die Spalten
schneide auf einem Brett in
kleine Stücke.
Fülle die Orangenstücke in
einen Glaskrug und stelle ihn
für 15 Minuten in den Kühlschrank.
Gieße den Apfelsaft und das
Mineralwasser dazu und rühre
alles gut um.

**Diese Bowle kannst Du ganz
leicht geschmacklich um-
ändern, indem Du anstatt
Apfelsaft z.B. Pfirsich- oder
Maracujasaft nimmst.
Mach Dir hierzu lustige Eis-
würfel. Lege in jedes Würfel-
fach Beeren oder Gummi-
bärchen. Das sieht in der
Bowle toll aus.**

Register

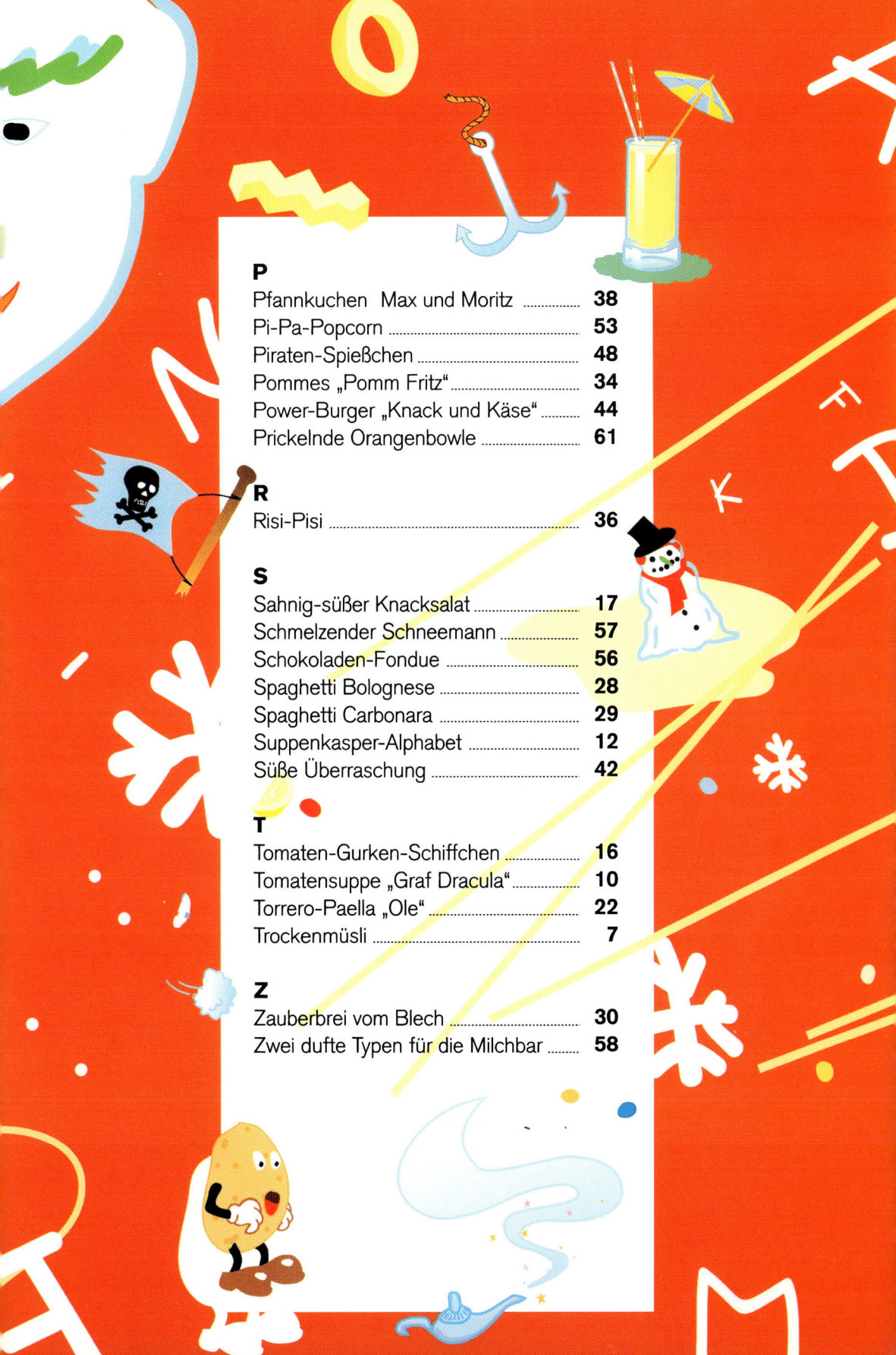

Kochtips

Hier noch einige nützliche Kochtips für Euch:

1. Vor dem Kochen natürlich Händewaschen.

2. Rezept vor dem Kochen einmal ganz durchlesen. Dann geht's einfacher.

3. Teelöffel und Eßlöffel werden mit TL bzw. EL abgekürzt.

4. Pfannenstiel und Topfhenkel sollten nie nach vorne ragen, sonst bleibst Du daran hängen, reißt alles herunter und verbrennst Dich.

5. Heiße Topfdeckel und -henkel, Backbleche und Backformen immer mit Topflappen anfassen.

6. Wenn Du elektrische Geräte verwendest, z.B. das Handrührgerät, sofort nach Gebrauch Stecker rausziehen.

7. Nach dem Kochen überprüfen, ob auch wirklich alle Herdplatten und der Backofen ausgeschaltet sind und die Küche wieder saubermachen. Das geht schneller als man glaubt.

Backtips

Hier noch einige nützliche Backtips für Euch:

1. Vor dem Backen natürlich Händewaschen.

2. Teelöffel und Eßlöffel werden mit TL und EL abgekürzt.

3. Eier sind manchmal alt und nicht mehr zu verwenden. Deshalb solltet Ihr jedes Ei zuerst einzeln in einer Tasse aufschlagen, damit nicht der ganze Teig verdorben wird.

4. Auf welche Einschubhöhe Ihr das Gebäck in den Backofen schieben müßt, hängt von Eurem Backofen ab. Guckt Euch am besten mal die Backofen- und Herdanleitung an. Da steht drin, welche Art von Gebäck auf welcher Einschubhöhe gebacken werden muß.

DR. OETKER
Kinder
Backbuch

Hallo Kinder!

Wißt Ihr, was absolut toll ist und riesigen Spaß macht? Selber backen! Jawohl – nicht mehr nur Schüsseln ausschlecken, sondern selber zum Rührbesen greifen und die köstlichsten Dinge aus dem Ofen zaubern.
Neben Geburtstag, Weihnachten usw. gibt es schließlich 1000 Gründe, um ein paar Freunde zum Spielen und zum selbstgemachten Kuchen einzuladen.

In diesem Buch findet Ihr viele kinderleichte, originelle und auch gesunde Rezepte, die Euch bestimmt beim Durchblättern schon Appetit machen.
Stürzt Euch aber lieber erst mal mit Muttis oder Papis Hilfe aufs Backen, denn so ein Backofen kann schon gefährlich heiß sein.
Bestimmt kommt Ihr bald auf den „Back-Geschmack" und habt eigene Ideen, was man so alles machen kann.

Also dann,
auf die Plätzchen fertig los . . .

Diese Seite haben wir nicht mehr geschafft auszumalen.

Vielleicht kannst Du uns helfen!

Apfel im Schlafrock

Für den Teig:
375 g Weizenmehl (Type 405)
1 Messerspitze Backpulver
200 g kalte Butter oder
   Margarine
100 g Puderzucker
1 Prise Salz / 1 Ei

Für die Füllung:
50 g Butter
50 g abgezogene, gehackte
   Mandeln
30 g Zucker
100 g Sultaninen
6 mittelgroße säuerliche Äpfel,
   z.B. Boskop (je 150 g)

Zum Bestreichen: 1 Ei

Zum Garnieren:
3 EL Puderzucker

1 Rührschüssel
1 Mehlsieb
1 Handrührgerät mit
   Knethaken
Alufolie
1 Pfanne
1 Holzlöffel
1 Sparschäler

**Nicht daß Du denkst
der Apfel friert. Er ist
nur eitel und zieht sich
seinen Teigschlafrock
an. Deshalb schmecken
eitle Äpfel auch so
wahnsinnig gut!**

1 Apfelausstecher
1 Teigrolle
1 Backpinsel
1 Backblech
Backpapier
1 Puderzuckersieb

So wird's gemacht:

Für den Teig mische Mehl mit Backpulver und siebe es in die Rührschüssel. Füge die anderen Zutaten hinzu. Verarbeite alles mit dem Handrührgerät mit Knethaken zu einem krümeligen Teig. Knete diesen auf der Arbeitsfläche nochmals gründlich durch. Forme den Teig zu einem Rechteck. Wickele das Teigrechteck in ein Stück Alufolie und lege es mindestens 2-3 Stunden in den Kühlschrank.
Für die Füllung laß in einer Pfanne die Butter hell bräunen.

Füge Mandeln, Zucker und Sultaninen hinzu. Rühre die Masse mit dem Holzlöffel, bis sie goldbraun gefärbt ist. Stelle die Füllung zum Abkühlen an die Seite.
Wasche die Äpfel und schäle sie. Mit dem Apfelausstecher bohre von oben (Apfelblüte) nach unten (Apfelstengel) eine Röhre.
Nimm den Teig aus dem Kühlschrank und teile ihn in 6 Portionen. Bestreue die Arbeitsfläche mit Mehl und rolle jedes Teigstück etwa 3 mm dick aus. Dann setze den Apfel auf das Teigstück. Fülle in die

Apfelröhre die goldbraune Mandel-Sultaninen-Masse. Gib das Ei auf einen kleinen Teller und verschlage es mit einer Gabel. Streiche das Ei mit dem Backpinsel ringsum, etwa 2 cm breit, auf die Teigränder. Dann hebe vorsichtig den Teig hoch und drücke ihn an den Apfel. Der Apfel muß von dem Teig bedeckt sein. Streiche zuletzt das restliche Ei über den Teig. Setze die Äpfel im Schlafrock auf das mit Backpapier belegte Backblech. Schiebe das Backblech in den Backofen und laß die Äpfel im Schlafrock hellbraun backen. Wenn die Äpfel abgekühlt sind, bestäube sie mit dem Puderzucker. Verteile die restliche Mandel-Sultaninen-Masse um die Äpfel im Schlafrock.

Backofen-Einstellung:
Ober-/Unterhitze: etwa 200 °C (vorgeheizt)
Heißluft: etwa 180 °C (nicht vorgeheizt)
Gas: Stufe 3-4 (vorgeheizt)
Backzeit: 30-40 Minuten.

Das paßt dazu: Heiße oder kalte Vanillesauce.

TIP

Ich würde die Alufolie der Umwelt zuliebe nicht nehmen. Lege den Teig auf einen flachen Teller und decke diesen mit einem tiefen Teller darüber zu.

Pi-Pa-Pinguin

Zum Einfetten/Ausstreuen:
Butter/Semmelbrösel

Für den Teig:
250 g weiche Butter oder
    Margarine
250 g feinkörnigen Zucker
1 Päckchen Vanillin-Zucker
    oder das ausgekratzte Mark
    von 1 Vanilleschote
1 Prise Jodsalz
4-5 Eier
375 g Weizenmehl
    (Type 1050)
2 gestrichene TL Backpulver
125 ml (⅛ l) Vollmilch

Zum Garnieren der Pinguine:
250 g Puderzucker
2 EL Zitronensaft
1-2 EL Wasser
Back- und Speisefarben
Kakao
Gebäckschmuck,
    z.B. Zuckerstreusel
Puderzucker

Stelle bereit:

1 große Pinguinform
    (Länge: etwa 30 cm,
    Breite: etwa 14 cm)

Pinguine leben weit
weg irgendwo im
Eismeer. Sie vertragen
nämlich keine Hitze.
Diese Pinguine
dagegen fahren voll
auf Hitze - nämlich
Backofenhitze - ab.

3 kleine Pinguinformen
    (Länge: etwa 11,5 cm,
    Breite: etwa 5,5 cm)
1 große Rührschüssel
1 Handrührgerät mit
    Rührbesen
1 Teigschaber
1 Kuchenrost
1 kleine Schüssel
1 Backpinsel
1 Puderzuckersieb

So wird's gemacht:

Streue die Pinguinbackformen
mit Semmelbröseln aus. Für
den Teig gib Butter oder Margarine, Zucker, Vanillin-Zucker
oder Vanillemark und Salz in
die Schüssel und rühre die Zutaten mit dem Handrührgerät
mit Rührbesen schaumig.
Füge jedes Ei einzeln unter

Rühren hinzu. Mische Mehl mit Backpulver, gib es auf die Masse und rühre es unter. Gieße unter Rühren langsam die Milch in die Schüssel, bis der Teig schwer reißend vom Löffel fällt. Fülle in jede kleine Pinguinform 1 gehäuften Eßlöffel Teig.

Den Rest Teig gib in die große Pinguinform und streiche mit dem Teigschaber die Teigober-flächen in den Backformen glatt.
Schiebe die Formen auf dem Rost in den Backofen. Löse die gebackenen Pinguine vor-sichtig aus der Form und lasse

sie auf einem Kuchenrost etwas abkühlen.
Verrühre Puderzucker mit Zi-tronensaft und Wasser zu einer cremigen Masse. Färbe sie mit Back- und Speisefar-ben und bemale die Pinguine damit. Für die dunkle Farbe verrühre den Puderzuckerguß mit etwas Kakao. Verziere die Pinguine z.B. mit Zuckerstreu-seln. Bestäube die Pinguine noch mit etwas Puderzucker, damit sie schön verschneit aussehen.

Backofen-Einstellung
Ober-/Unterhitze: 170-200 °C
(nicht vorgeheizt)
Heißluft: 150-170 °C
(nicht vorgeheizt)
Gas: etwa Stufe 3
(nicht vorgeheizt)
Backzeit für die kleinen Pinguine: etwa 15 Minuten
Backzeit für den großen Pinguin: etwa 35 Minuten.

Falls Du die Vanilleschote verwendest, gib die Hälften in ein kleines Schraubglas mit Zucker. So hast Du selbsthergestellten Vanille-Zucker.

Party-Power-Picks

Dazu brauchst Du:

150 g Weizenmehl (Type 405)
100 g kalte Butter
100 g fettarmen Joghurt
100 g feingeriebenen Käse
   (mittelalten Gouda)
½ gestrichenen TL Jodsalz

Diese
Party-Power-Picks
sind so klasse,
daß - wie man sieht -
gleich zwei
an ihnen rum-
knabbern möchten!

Zum Garnieren:
1-2 Eigelb
1-2 EL Milch
Mohn
Kümmel
geriebenen Käse

Stelle bereit:

- 1 Rührschüssel
- 1 Mehlsieb
- 1 Handrührgerät mit
  Knethaken
- Frischhaltefolie
- 1 Teigrolle
- 1 Teigrädchen
- 1 Backblech
- Backpapier
- 1 Backpinsel

So wird's gemacht:

Siebe das Mehl in die Rührschüssel. Füge die Butter in
Flöckchen, Joghurt, geriebenen Käse und Jodsalz hinzu
und verrühre die Zutaten mit
dem Handrührgerät mit Knethaken zu einem krümeligen
Teig. Knete diesen auf der bemehlten Arbeitsfläche mit den
Händen nochmals gut durch.
Klebt er an den Fingern, dann
greife in die Mehltüte und
streue etwas Mehl über den
Teig. Wickele den Teig in Folie
und lege ihn etwa 1 Stunde in
den Kühlschrank. Rolle den
Teig auf der bemehlten Arbeitsfläche etwa ½ cm dick
aus. Schneide mit dem Teigrädchen oder einem Messer
etwa 2 cm breite und 10 cm
lange Streifen aus. Wenn Du
Lust hast, kannst Du die Streifen zu einer Spirale drehen,
das eine Ende nach links, das
andere nach rechts. Lege die
Stangen auf ein mit Backpapier belegtes Backblech.

Verrühre das Eigelb mit der
Milch und streiche es mit dem
Backpinsel auf die Teigstan-
gen. Bestreue die Party-
Power-Picks mit Mohn, Küm-
mel oder geriebenem Käse.
Schiebe das Backblech in den
Backofen.

Backofen-Einstellung:

Ober-/Unterhitze: etwa 200 °C
(vorgeheizt)
Heißluft: etwa 180 °C
(nicht vorgeheizt)
Gas: Stufe 3-4 (vorgeheizt)
Backzeit: etwa 10 Minuten.

**Die Party-Power-Picks nicht
zu dunkel backen, dann
schmecken sie bitter!
Wohin mit dem Eiweiß?
Vielleicht gibt es heute zum
Abendbrot Rühreier oder
Omeletts, dann gibst Du
das Eiweiß dazu!**

Osterhasen und -enten

Für den Teig:
250 g Magerquark
200 ml Milch
100 ml Sonnenblumenöl
1 Ei
80 g feinkörnigen Zucker
1 Päckchen Vanillin-Zucker
1 Messerspitze Jodsalz
500 g Weizenmehl (Type 405)
½ Päckchen Backpulver

Zum Garnieren der Hasen
und Enten:
1 Eigelb
1 EL Milch
Hagelzucker oder grob-
    gehackte Mandeln, Perlen-
    zucker, Zuckerstreusel
oder verziere nach Deiner eigenen Phantasie!

Stelle bereit:

1 große Rührschüssel
1 Handrührgerät mit
    Knethaken
1 Mehlsieb
1 Teigrolle
evtl. 1 Hasenförmchen
    (zum Ausstechen)
evtl. 1 Entenförmchen
    (zum Ausstechen)

Seitdem die Enten
mitgekriegt haben,
daß sämtliche Hasen
zu Ostern kurz vorm
Nervenzusammenbruch
stehen, haben
sie beschlossen,
ihnen zu helfen.
Schließlich
verstehen Enten
auch was von Eiern.

1 Backblech
Backpapier
1 Backpinsel
1 Kuchenrost

So wird's gemacht:

Gib Quark, Milch und Öl in die
Schüssel und verrühre die Zu-
taten mit dem Handrührgerät
mit Knethaken. Füge Ei,
Zucker, Vanillin-Zucker und
Salz unter Rühren hinzu.
Mische Mehl mit Backpulver
und siebe es unter Rühren
dazu. Knete anschließend mit
Deinen Händen einen glatten
Teig.
Rolle den Teig auf der bemehl-
ten Arbeitsfläche etwa 3 mm
dick aus und steche mit den

Förmchen Hasen und Enten aus. Wenn Du keine Förmchen hast, forme Osterhasen und -enten nach Deinen eigenen Vorstellungen. Lege die Hasen und Enten auf das mit Backpapier belegte Backblech. Verrühre das Eigelb mit der Milch und streiche es mit Hilfe des Backpinsels auf die Figuren. Bestreue sie mit Hagelzucker oder den anderen Garnierzutaten. Schiebe das Blech in den Backofen, laß die Hasen und Enten etwa 10 Minuten goldgelb backen und lege sie zum Abkühlen auf den Kuchenrost.

Backofen-Einstellung:
Ober-/Unterhitze: etwa 200 °C (vorgeheizt),
Heißluft: etwa 180 °C (nicht vorgeheizt)
Gas: Stufe 3-4 (vorgeheizt)
Backzeit: etwa 10 Minuten.

Du kannst die Osterhasen und -enten auch mit Speisefarben bemalen!

Osterhasen-Lieblingstörtchen

(15 Törtchen)

Dazu brauchst Du:

Zum Einfetten der Torteletts:
Butter

Für den Teig:
375 g Weizenmehl (Type 405)
250 g kalte Butter
125 g Zucker
1 Päckchen Vanillin-Zucker
1 Prise Salz
1 Ei

Zum Garnieren:
15 halbe Pfirsiche aus dem
   Glas oder aus der Dose
2 Päckchen Tortenguß klar
250 ml ($\frac{1}{4}$ l) Schlagsahne
1 Päckchen Vanillin-Zucker
1 Päckchen Sahnesteif
100 g feingehackte
   Pistazienkerne

Stelle bereit:

1 Rührschüssel/1 Mehlsieb
1 Handrührgerät mit
   Knethaken
Frischhaltefolie
1 Teigrolle
15 Tortelettförmchen
   (Durchmesser 15 cm)
1 Kuchenrost/1 größeres Sieb
1 kleiner Kochtopf
1 Schneebesen
1 Handrührgerät mit
   Knethaken
1 Spritzbeutel mit Sterntülle

So wird's gemacht:

Für den Teig siebe das Mehl in die Schüssel. Gib die Butter in Flöckchen, Zucker, Vanillin-Zucker, Salz und das Ei hinzu und verrühre die Zutaten mit dem Handrührgerät mit Knethaken zu einem krümeligen Teig. Knete diesen anschließend auf der bemehlten Arbeitsfläche gut durch. Wickele den Teig in Folie und lege ihn 3-4 Stunden in den Kühlschrank. Rolle den Teig portionsweise auf der bemehlten Arbeitsfläche (etwa $\frac{1}{2}$ cm dick) aus. Lege die vorbereiteten Förmchen auf den Teig und drücke sie ein. Den ausgestochenen Teig gib in die Förmchen. Stich mit einer Gabel in den Tortelettboden ein, damit keine Blasen entstehen. Schiebe die Törtchenböden auf dem Backofenrost auf der 1. Schiene von unten in den Ofen und lasse sie goldgelb backen. Lasse sie anschließend auf dem Kuchenrost auskühlen. Schütte die Pfirsiche in ein Sieb, lasse sie abtropfen und fange den Saft in dem Kochtopf auf. Verteile die Pfirsichhälften auf die Torteletts und bereite den Tortenguß zu. Gieße den heißen Tortenguß über die Pfirsichhälften und laß ihn abkühlen. Schlage die Sahne mit Sahnesteif und Vanillin-Zucker steif. Dann spritze um die Pfirsichhälften einen Sahnekranz und bestreue ihn mit Pistazienkernen.

Backofen-Einstellung:

Ober-/Unterhitze: etwa 180 °C
(vorgeheizt)
Heißluft: etwa 160 °C
(nicht vorgeheizt)
Gas: etwa Stufe 3 (vorgeheizt)
Backzeit: etwa 15 Minuten.

TIP

Statt der Pfirsiche könnt Ihr
auch andere Obstsorten
verwenden. Vielleicht zu
einem Frühlingsfest bunte
Torteletts?

Osterbrot aus Entenhausen

Dazu brauchst Du:

Für den Teig:
500 g Weizenmehl (Type 550)
1 Päckchen Trocken-Backhefe
100 g Zucker
1 gestrichenen TL Jodsalz
125 g zerlassene, abgekühlte
    Butter
200 ml lauwarme Milch
1 Ei

Zum Bestreichen:
1 Eigelb/1 EL Milch

Zum Bestreuen:
gehackte Pistazienkerne

Stelle bereit:

1 große Rührschüssel
1 Mehlsieb
1 kleinen Stieltopf
1 Handrührgerät mit
    Knethaken
1 Backblech
Backpapier
1 Backpinsel
1 Kuchenrost

So wird's gemacht:

Für den Teig siebe das Mehl in
die Schüssel, vermische es

Freunde, gerade hat uns die neueste Meldung aus der Osterhasen-Versuchsküche erreicht: Absolut genial schmeckt das Osterbrot mit Butter und Schokoladen-streuseln. So gut, daß die Osterhasenköche schon Gewichts-probleme haben!

sorgfältig mit der Trocken-Backhefe. Streue Salz und Zucker darüber. Schmelze im Topf die Butter und füge die Milch dazu. Nimm den Topf vom Herd. Gib das Butter-Milch-Gemisch und das Ei zum Mehl und verarbeite alle Zuta-ten mit dem Handrührgerät mit Knethaken zuerst auf der nied-rigsten, dann auf der höchsten Stufe in etwa 5 Minuten zu ei-nem Teig. Stelle die Schüssel an einen warmen Platz und decke sie mit einem Geschirr-tuch ab. Jetzt laß alles 45 Mi-nuten ruhen, damit die Hefe arbeiten und den Teig aufblä-hen kann. Nimm den Teig aus der Schüssel und knete ihn nochmals gut durch. Laß den

Teig nochmals an einem warmen Platz abgedeckt gehen, bis er sich sichtbar vergrößert hat. Teile den Teig in 2 gleiche Teile. Rolle aus jedem Teil einen etwa 3 cm dicken Strang. Schlinge die Stränge umeinander und schiebe die Strangenden unter das Osterbrot.

Lege das Osterbrot auf das mit Backpapier belegte Backblech. Verrühre Eigelb und Milch und streiche es mit dem Backpinsel auf das Brot. Streue die Pistazienkerne darauf. Schiebe das Blech in den Backofen. Lasse das gebackene Brot auf dem Kuchenrost auskühlen.

Backofen-Einstellung:
Ober-/Unterhitze: etwa 200 °C (nicht vorgeheizt)
Heißluft: etwa 180 °C (nicht vorgeheizt)
Gas: Stufe 3-4 (nicht vorgeheizt)
Backzeit: etwa 30 Minuten.

TIP

Falls Du schon Zöpfe flechten kannst, dann teile den Teig in 3 Teile und flechte einen richtigen Zopf.

17

Muttis Überraschungstorte

Dazu brauchst Du:

Zum Ausfetten der Form:
Butter

Für den Teig:
3 Eier
3 EL warmes Wasser
150 g feinkörnigen Zucker
1 Päckchen Vanillin-Zucker
60 g Weizenmehl (Type 405)
70 g Speisestärke
1 gestrichenen TL Backpulver
50 g Kakao

Für den Belag:
250 g Magerquark
2 EL Milch
1 Glas (210 g) Wild-
   Preiselbeeren
250 ml (¼ l) Schlagsahne
1 Päckchen Vanillin-Zucker
1 Päckchen Sahnesteif
Preiselbeeren

Stelle bereit:

1 Rührschüssel
1 Handrührgerät mit
   Rührbesen
1 Mehlsieb
1 Springform
   (Durchmesser 28 cm)
1 Kuchenrost/1 Schüssel

Wetten, daß Mami nach hinten umkippt, wenn sie diese Torte sieht? Damit's eine Überraschung gibt, verdrückst Du Dich zum Backen am besten zu Oma und Opa oder zu Freunden.

So wird's gemacht:

Für den Teig rühre Eier und Wasser mit dem Handrührgerät mit Rührbesen schaumig. Gib unter Rühren den Zucker und den Vanillin-Zucker hinzu. Mische Mehl, Speisestärke, Backpulver und Kakao, siebe das Gemisch auf die Eigelb-Wasser-Creme und rühre es auf niedrigster Stufe unter. Fülle den Teig in die ausgefettete Springform und streiche die Oberfläche glatt. Schiebe die Form auf dem Rost in den Backofen. Lege den gebackenen Kuchen zum Auskühlen auf den Kuchenrost.
Für den Belag rühre Quark und Milch glatt. Anschließend rühre die Preiselbeeren darunter.

Schlage die Schlagsahne mit dem Vanillin-Zucker und dem Sahnesteif ganz fest. Vermische sie mit dem Preiselbeer-Quark und streiche die Creme auf den erkalteten Kuchen. Drücke mit einem Löffel Vertiefungen in die Creme. Verziere den Kuchen mit Beeren.

Backofen-Einstellung:
Ober-/Unterhitze: etwa 180 °C (nicht vorgeheizt)
Heißluft: etwa 160 °C (nicht vorgeheizt)
Gas: etwa Stufe 3 (nicht vorgeheizt)
Backzeit: 30-40 Minuten.

Wenn Du Lust hast, schneide den Kuchen durch, fülle ihn mit dem Preiselbeerquark und streue Puderzucker obendrauf.

Guglhupf

Dazu brauchst Du:

Zum Einfetten der Form:
Butter

Für den Teig:
75 g Butter
100 g Zucker
1 Päckchen Vanillin-Zucker
1 Prise Salz
1 Ei
100 g Magerquark
65 g abgezogene, gemahlene
    Mandeln
150 g Weizenmehl (Type 405)
2 TL Backpulver
2-4 EL Milch

Zum Garnieren:
100 g Puderzucker
1-2 EL Zitronensaft
Back- und Speisefarben (grün)
Gebäckschmuck, z.B.
    Zuckerblüten

Übrigens freut sich
Dein Papi auch über
diesen tollen Guglhupf!
Väter sind nämlich
auch kleine Lecker-
mäuler, sie geben's
nur nicht so gerne zu!

1 kleine Schüssel
1 Backpinsel

Stelle bereit:

1 Rührschüssel
1 Handrührgerät mit
    Rührbesen
1 Mehlsieb
1 Teigschaber
1 Napfkuchenform
    (Durchmesser 18 cm)

Hotzenplotz-Happen

Rühre die Butter in der Rührschüssel mit dem Handrührgerät mit Rührbesen geschmeidig. Laß nach und nach Zucker, Vanillin-Zucker und Salz einrieseln und rühre die Zutaten so lange unter, bis eine gebundene Masse entstanden ist. Anschließend rühre zuerst das Ei (etwa ½ Minute lang), dann den Quark und schließlich die Mandeln unter. Siebe Mehl mit Backpulver und rühre das Gemisch abwechselnd mit der Milch unter. Fülle den Teig mit Hilfe des Teigschabers in eine gefettete Napfkuchenform. Schiebe den Guglhupf auf dem Rost in den Backofen.

Lasse den gebackenen Kuchen auf dem Kuchenrost etwas auskühlen. Verrühre Puderzucker und Zitronensaft und färbe das Gemisch mit grüner Back- und Speisefarbe. Beträufle den Kuchen mit dem Guß und verziere ihn z.B. mit Zuckerblüten.

Backofen-Einstellung:
Ober-/Unterhitze:
170-200°C
(vorgeheizt)
Heißluft: 160-170°C
(nicht vorgeheizt)
Gas: Stufe 2-3 (vorgeheizt)
Backzeit: etwa 50 Minuten.

Dazu brauchst Du:

Zum Einfetten des Backblechs: Butter

Für den Teig:
100 g Butter
150 g braunen Zucker
1 Päckchen Vanillin-Zucker
1 Prise Jodsalz
100 g Honig
150 g Vollkornhaferflocken
100 g abgezogene, gehobelte
    Mandeln

Stelle bereit:

1 Stieltopf
1 Rührlöffel
1 Teigschaber
1 Backblech
Alufolie
1 Kuchenrost

So wird's gemacht:

Lasse die Butter in dem Stieltopf schmelzen. Füge unter Rühren Zucker, Vanillin-Zucker, Salz und Honig hinzu und lasse alles kurz aufkochen. Nimm den Topf von der Kochstelle und rühre Haferflocken und Mandelblättchen unter. Fülle

mit dem Teigschaber den Teig auf die Hälfte eines gefetteten Backblechs (etwa 20 x 30 cm). Lege einen Alustreifen als Abschluß an die offene Teigseite. Schiebe das Backblech in den Backofen. Schneide aus dem noch warmen Gebäck kleine Dreiecke oder Quadrate und lege sie zum Abkühlen auf einen Kuchenrost.

Backofen-Einstellung:
Ober-/Unterhitze: 180-200 °C
(nicht vorgeheizt)
Heißluft: 160-180 °C
(nicht vorgeheizt)
Gas: Stufe 3-4
(nicht vorgeheizt)
Backzeit: etwa 12 Minuten.

Du kannst auch Haselnußkerne anstatt der Mandeln nehmen.

21

Brötchen zum Muttertag

(etwa 20 Stück)

Dazu brauchst Du:

Für den Teig:
500 g Weizenmehl (Type 405)
1 Päckchen Trocken-Backhefe
50 g Butter
250 ml (¼ l) Milch
1 Ei
1 gestrichenen TL Jodsalz

Zum Bestreichen:
2 Eigelb
2 EL Milch

Stelle bereit:

1 Rührschüssel
1 Mehlsieb
1 kleinen Stieltopf
1 Handrührgerät mit
  Knethaken
2 Backbleche
Backpapier
1 Backpinsel

Mutti denkt, sie riecht
nicht recht! Träumt sie
etwa? Es ist echt:
Wir haben ihr zum
Muttertag diese
köstlichen Brötchen
gebacken!
Stark, nicht wahr?

So wird's gemacht:

Für den Teig siebe das Mehl in die Schüssel und vermische es sorgfältig mit der Trocken-Backhefe. Laß die Butter in dem Topf schmelzen und füge die Milch hinzu. Laß das Butter-Milch-Gemisch etwas abkühlen und gib es zusammen mit Ei und Salz zu dem Mehl. Verarbeite alle Zutaten mit dem Handrührgerät mit Knethaken zuerst auf niedrigster, dann auf höchster Stufe zu einem glatten Teig. Stelle die Schüssel abgedeckt an einen warmen Ort und laß den Teig so lange gehen, bis er sich sichtbar vergrößert hat. Nimm den Teig aus der Schüssel und knete ihn auf der bemehlten Arbeitsfläche mit Deinen Händen nochmals gut durch. Dann laß ihn nochmals etwa 30 Minuten gehen. Wiege vom Hefeteig 40 g schwere Teigstücke ab und forme sie mit bemehlten Händen zu Kugeln. Diese Hefekugeln lege mit größerem Abstand auf die mit Backpapier belegten Bleche und drücke sie mit dem Handballen etwas flach. Decke die Brötchen nochmals zu und lasse sie weitere 20 Minuten gehen. Verrühre Eigelb und Milch und streiche das Gemisch mit einem Backpinsel auf die Brötchen. Anschließend schneide jedes Brötchen längs oder kreuzweise ein. Schiebe die Backbleche in den Backofen und laß die Brötchen etwa 20 Minuten backen. Stelle eine kleine Schüssel mit Wasser unter das Backblech.

Backofen-Einstellung
Ober-/Unterhitze: etwa 200 °C
(vorgeheizt)
Heißluft: etwa 180 °C
(nicht vorgeheizt)
Gas: Stufe 3-4 (vorgeheizt)
Backzeit: etwa 20 Minuten.

Bevor die Brötchen in den
Backofen kommen, kann
man sie mit Mohn, Kümmel
oder Sesam bestreuen.

Mümmelmanns
Geburtstagstorte

Dazu brauchst Du:

Zum Einfetten der Formen:
Butter

Für den Teig:
300 g Möhren/6 Eigelb
4 EL lauwarmes Wasser
200 g Zucker

Dieses Rezept rücken
die Mümmelmänner
ungern raus. Doch bei
Geburtstagen machen
sie eine Ausnahme.
Der Geheimtip: In
dieser Torte sind
echte Möhren versteckt.

1 Päckchen Vanillin-Zucker
1 Prise Jodsalz
Schale und Saft von 1 Zitrone
  (unbehandelt)
250 g gemahlene
  Haselnußkerne
100 g Mehl (Type 1050)
2 gestrichene TL Backpulver
6 Eiweiß

So wird's gemacht:

Wasche und schäle die Möhren. Reibe sie fein auf einen Teller. Für den Teig gib Eigelb, Wasser, Zucker, Vanillin-Zucker, Salz, Zitronenschale und -saft in die große Rühr-

Zum Garnieren:
200 g Puderzucker
2 EL Zitronensaft
1-2 EL Möhrensaft
Geburtstagskerzen

Stelle bereit:

1 Schälmesser
1 Reibe
1 große Rührschüssel
1 Handrührgerät mit
  Rührbesen
1 Rührschüssel
1 Zitronenpresse
1 große Rührschüssel
1 Springform
  (Durchmesser 28 cm)
1 Teigschaber
1 Kuchenrost
1 kleine Rührschüssel
1 Backpinsel

schüssel und verrühre die Zutaten mit dem Handrührgerät mit Rührbesen schaumig. Rühre Haselnüsse und Möhren unter.
Mische Mehl mit Backpulver, gib es auf die Masse und rühre es unter. Schlage das Eiweiß zu steifem Schnee und hebe ihn vorsichtig unter den Teig.
Gib den Teig in die Springform und streiche die Teigoberfläche mit dem Teigschaber glatt. Schiebe die Form in den Backofen und laß die Torte etwa 50 Minuten goldbraun backen. Öffne danach die Springform und lasse die Torte auf dem Kuchenrost auskühlen.
Verrühre Puderzucker, Zitronensaft und Wasser zu einer cremigen Masse.

Bestreiche die abgekühlte Torte mit dem Guß und stecke die Geburtstagskerzen hinein.

Backofen-Einstellung:

Ober-/Unterhitze: etwa 200 °C
(vorgeheizt)
Heißluft: etwa 180 °C
(nicht vorgeheizt)
Gas: Stufe 3-4
(nicht vorgeheizt)
Backzeit: etwa 50 Minuten.

Du kannst die Geburtstagstorte auch mit einem Schokoladenguß überziehen.

Kunterbuntes ABC und quirliges 1x1

Dazu brauchst Du:

Für den Teig:
250 g Weizenmehl (Type 405)
1 Messerspitze Backpulver
80 g feinkörnigen Zucker
1 Päckchen Vanillin-Zucker
1 Prise Jodsalz
130 g weiche Butter oder
   Margarine
1 Ei

Zum Garnieren:
200 g Puderzucker
3 EL Zitronensaft
Schokoherzen, Zuckerstreusel,
   Gummibärchen und was Dir
   sonst noch gefällt

Stelle bereit:

1 Mehlsieb
1 große Rührschüssel
1 Handrührgerät mit
   Knethaken
Frischhaltefolie
1 Backblech
Backpapier
1 kleine Rührschüssel
1 Backpinsel

Wie wär's, wenn Du mit den Buchstaben die Namen Deiner Geburtstagsgäste schreibst und als Platzkarten auf die Teller legst? Aber aufgepaßt: Die bunten Buchstaben werden im Nu weggenascht! Und dann wird plötzlich aus einem Alexander ein Alex oder gar aus einer Martina ein Martin!

So wird's gemacht:

Mische Mehl mit Backpulver und siebe es in die Rührschüssel. Füge die anderen Zutaten hinzu. Verarbeite alles mit dem Handrührgerät mit Knethaken zuerst auf niedrigster, dann auf höchster Stufe zu einem krümeligen Teig. Knete diesen anschließend auf der Arbeitsfläche nochmals gut durch. Wickele den Teig in Folie und lege ihn etwa 2 Stunden in den Kühlschrank.
Bestreue die Arbeitsfläche mit etwas Mehl. Nimm von der großen Teigkugel kleine Stückchen weg und rolle jedes Stückchen zu einem dünnen "Wurm". Forme aus diesem Wurm Buchstaben oder Zahlen. Lege sie auf das mit Backpapier belegte Backblech. Schiebe das Blech in den Backofen. Laß die gebackenen Buchstaben und Zahlen vor dem Verzieren etwas auskühlen.
Zum Garnieren verrühre Puderzucker und Zitronensaft zu einer cremigen Masse. Bestreiche damit die Buchstaben und Zahlen und garniere sie nach Deiner Phantasie!

Backofen-Einstellung:

Ober-/Unterhitze: etwa
180 °C (vorgeheizt)
Heißluft: etwa 160 °C
(nicht vorgeheizt)
Gas: etwa Stufe 3 (vorgeheizt)
Backzeit: 10-15 Minuten.

Du kannst auch gekaufte Buchstaben- und Zahlenausstechförmchen verwenden.

26

Schuhsohlen

Dazu brauchst Du:

Für den Teig:
250 g Weizenmehl (Type 405)
80 g feinkörnigen Zucker
1 Päckchen Vanillin-Zucker
1 Prise Jodsalz
1 Ei
125 g kalte Butter

Zum Garnieren:
100 g Puderzucker
1-2 EL Zitronensaft
Back- und Speisefarben
Gebäckschmuck und Süßig-
keiten, z.B. Gummibärchen,
Zuckerherzen usw.

Stelle bereit:

1 Rührschüssel
1 Mehlsieb
1 Handrührgerät mit
Knethaken
Frischhaltefolie
1 Teigrolle
1 Backblech
Backpapier
1 Kuchenrost
1 kleine Rührschüssel
1 Backpinsel

Ja, ja, Ihr habt richtig gelesen: Schuhsohlen kann man backen. Allerdings eignen sich diese Schuhsohlen - wie Ihr Euch sicher vorstellen könnt - nicht gut zum Drauf-herumlaufen. Dafür wären sie auch viel zu schade. Sie sollten doch besser schnurstracks in Euren Mund marschieren!

So wird's gemacht:

Siebe das Mehl in die Schüssel, füge Zucker, Vanillin-Zucker, Salz, Ei und die Butter in Flöckchen dazu und verarbeite die Zutaten mit dem Handrührgerät mit Knethaken zu einem krümeligen Teig. Knete diesen anschließend auf der Arbeitsfläche mit den Händen nochmals gut durch. Wickele den Teig in Folie und lege ihn 1-2 Stunden in den Kühlschrank. Rolle den Teig in 2 Portionen etwa 3 mm dick aus. Schneide aus dem Teig "Schuhsohlen" aus oder zeich-

ne zuerst eine "Schuhsohlen"-Form als Schablone auf Karton und schneide sie aus. Lege die Schablone auf den Teig, schneide die Schuhsohlen aus und lege sie auf das mit Backpapier belegte Backblech.

Wenn Ihr schon etwas mehr Übung im Backen habt, dann backt doch mal "Fußsohlen" mit fünf Zehen dran.

Schiebe das Blech in den Backofen und laß die Schuhsohlen goldgelb backen. Lege die gebackenen Schuhsohlen auf einen Kuchenrost und laß sie auskühlen. Zum Verzieren verrühre Puderzucker mit Zitronensaft zur cremigen Masse. Färbe sie evtl. mit Back- und Speisefarben und bestreiche die Schuhsohlen damit. Garniere die Schuhsohlen nach Deiner Phantasie mit Süßigkeiten und Gebäckschmuck.

Backofen-Einstellung:
Ober-/Unterhitze: etwa 200 °C (vorgeheizt)
Heißluft: etwa 180 °C (nicht vorgeheizt)
Gas: Stufe 3-4 (vorgeheizt)
Backzeit: etwa 10 Minuten.

Geburtstagsbaum

Zum Einfetten des Back-
blechs: Butter

Für den Teig:
375 g Weizenmehl (Type 550)
100 g Puderzucker
225 g Butter oder Margarine
1 Eigelb
1 Prise Jodsalz

Zum Garnieren:
100 g Puderzucker
1-2 EL Zitronensaft
Back- und Speisefarben
Gebäckschmuck, z.B. Lakritz,
    Schoko-Alphabet,
    Zuckerherzen

Stelle bereit:

1 Mehlsieb
1 große Rührschüssel
1 Handrührgerät mit
    Knethaken
Frischhaltefolie
1 Teigrolle
1 Backblech
1 kleines Quadratförmchen
    evtl. andere Ausstech-
    förmchen
1 Kuchenrost/1 Backpinsel
1 kleine Schüssel

So wie auf Apfelbäumen Äpfel und auf Birnen-bäumen Birnen, wachsen auf Geburtstags-bäumen Geburtstags-geschenke. Und die Kinder, die Geburtstag haben, dürfen die Geschenke pflücken. Dieser Baum ist zwar noch klein, aber vielleicht wächst er noch.

So wird's gemacht:

Siebe das Mehl in die Schüssel und streue den Puderzucker darüber. Füge Butter oder Margarine, Eigelb und Salz hin-zu. Verarbeite die Zutaten mit dem Handrührgerät mit Knet-haken zu einem krümeligen Teig. Knete diesen mit den Händen auf der bemehlten Arbeitsfläche nochmals gut durch. Wickele den Teig in Folie und lege ihn 2-3 Stunden in den Kühlschrank. Rolle den Teig auf dem gefetteten Back-blech etwa $\frac{1}{2}$ cm dick aus. Schneide aus dem Teig einen Baum aus. Wenn Du möch-

test, kannst Du Dir zuvor eine Schablone auf Karton malen. Schneide die Schablone aus, lege sie auf den Teig und schneide den Teigbaum aus. Schiebe das Backblech in den Backofen. Steche aus dem restlichen Teig Quadrate oder andere Formen aus. Nimm den gebackenen Baum aus dem Ofen und schiebe die Quadrat-Plätzchen hinein. Lege zum Auskühlen alles auf den Ku-chenrost. Verrühre in einer kleinen Schüssel Zitronensaft und Puderzucker. Bestreiche Baum und Quadrate damit. Wenn Du möchtest, kannst Du den Guß einfärben. Klebe die Quadrate als Geschenke an den Baum und verziere alles mit Gebäckschmuck und Süßigkeiten.

Backofen-Einstellung:
Ober-/Unterhitze: etwa 200 °C
(vorgeheizt)
Heißluft: etwa 180 °C
(nicht vorgeheizt)
Gas: Stufe 3-4 (vorgeheizt)
Backzeit für den Baum: etwa
25 Minuten
Backzeit für die Herzen und
Quadrate: etwa 15 Minuten.

TOP

Verschenke den Geburts-
tagsbaum doch mal an
Eltern, Geschwister oder
Freunde. Auch andere
kleine Päckchen kann man
an den Baum kleben.

Naschwaffeln

Für den Teig:
250 g weiche Butter oder
   Margarine
200 g Zucker
1 Prise Jodsalz
4 Eier
Schale von 1 Zitrone
   (unbehandelt)

. **Huch, in wenigen
Stunden sind Deine
Geburtstagsgäste da!
Kein Grund zur Panik!
Im Notfall, wenn Du es
nicht mehr schaffst,
backt sich jeder seine
Waffel selbst!
Das ist sogar witzig.
Alles klar?**

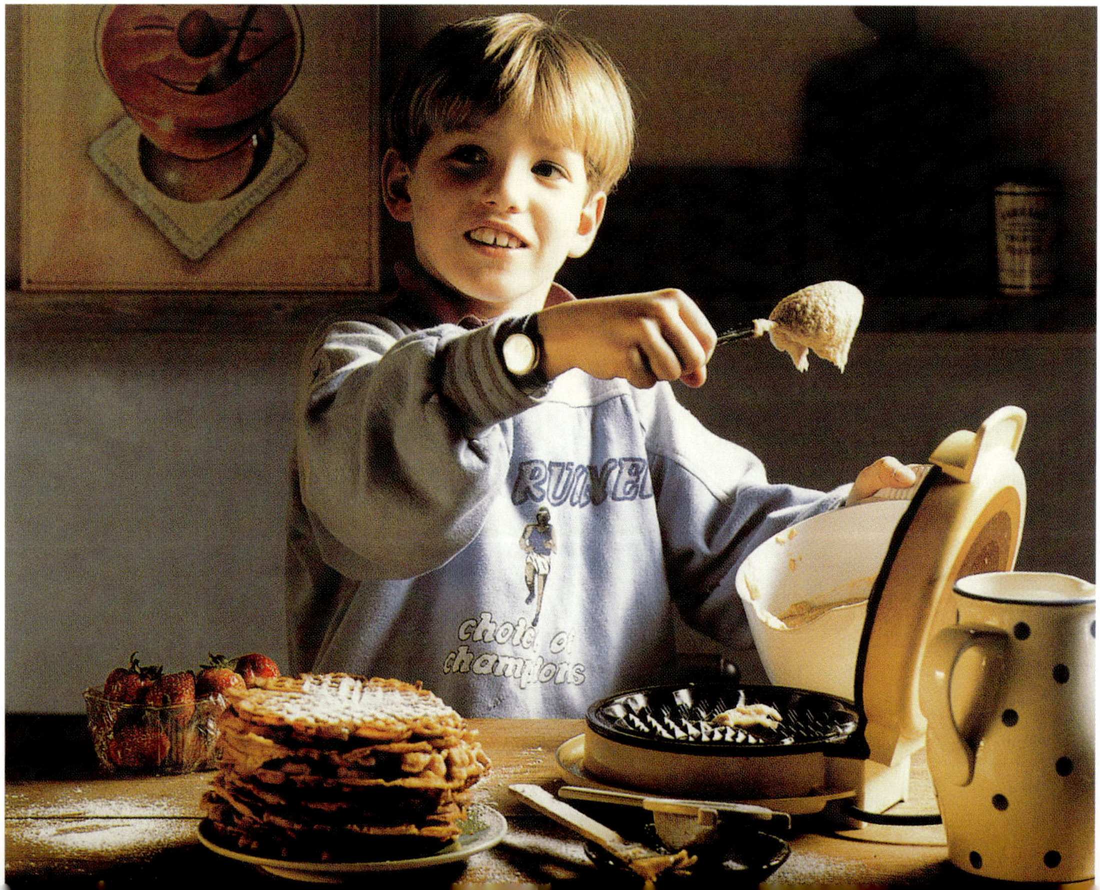

250 g Weizenmehl
   (Type 1050)
125 ml (⅛ l) Mineralwasser

Zum Garnieren:
Puderzucker
evtl. Vanilleeis
Erdbeeren, Himbeeren oder
   andere Früchte

Stelle bereit:

1 große Rührschüssel
1 Handrührgerät mit
  Rührbesen
1 kleinere Rührschüssel
1 Zitronenreibe
1 Teigschaber
1 Waffeleisen mit 5 Herzchen
  (19 cm Durchmesser)
1 Kuchenrost
1 Puderzuckersieb

So wird's gemacht:

Für den Teig rühre die Butter
bzw. Margarine mit dem Handrührgerät mit Rührbesen geschmeidig und laß nach und
nach den Zucker und die Prise
Salz einrieseln. Trenne jedes Ei
in Eigelb und Eiweiß. Gib das
Eiweiß in die kleinere Rührschüssel und jedes Eigelb
unter Rühren zu der Butter-
Zucker-Masse. Reibe die Zitronenschale dazu. Rühre eßlöf-
felweise das Vollkornmehl
unter. Gieße anschließend das
Mineralwasser hinein und vermenge es vorsichtig mit dem
Teig. Schlage das Eiweiß zu
steifem Schnee und hebe ihn

unter den Waffelteig. Stelle
das Waffeleisen auf Mittelhitze
ein (Stufe 3-4). Fülle 2-3 gehäufte Eßlöffel Teig auf die
heiße Waffelplatte. Schließe
das Waffeleisen, backe die
Waffel goldgelb. Löse die
gebackene Waffel mit der
Gabel vom Waffeleisen und
lege sie zum Auskühlen auf
den Kuchenrost.
Bestäube die Waffeln mit
etwas Puderzucker.

Waffeleisen-Einstellung

Stufe 3-4 (Mittelhitze)
Backzeit: 4-5 Minuten.
Toll schmecken die Waffeln mit
Vanilleeis und Erdbeeren.
Unbedingt ausprobieren!

Abwandlung

Statt des Vollkornmehls kannst
Du auch weißes, ausgemahle-
nes Weizenmehl zum Backen
verwenden. Laß dann aber
bitte das Mineralwasser weg,
sonst wird bei diesem Mehl der
Teig zu flüssig. Diese Waffeln
schmecken auch ohne Beiga-
be ganz prima. Wenn Du sie in
einer Keksdose verschließt,
dann bleiben sie ein paar Tage
frisch.

Pizza Pinocchio

Pizzas sind immer in!
Besonders nach so
einem Nachmittag mit
Spielen und Toben
im Freien.
Also pizza Dir eine!

Dazu brauchst Du:

Zum Einfetten der Form:
Olivenöl

Für den Teig:
125 g mageren Speisequark
4-5 EL Milch
3 EL Olivenöl
$\frac{1}{2}$ gestrichenen TL Jodsalz
100 g grob gemahlenes
    Grünkernmehl
150 g Weizenmehl (Type 550)
$\frac{1}{2}$ Päckchen Backpulver

Für den Belag:
1 große Zwiebel
50 g Schinkenspeck
200 g grüne Prinzeßbohnen
2 Tomaten
grob gemahlenen weißen
    Pfeffer
ein paar Tropfen Olivenöl
50 g geriebenen Emmentaler-
    Käse
1 gestrichenen EL feinge-
    schnittenes Bohnenkraut

Stelle bereit:

1 Rührschüssel
1 Handrührgerät mit
    Knethaken
1 Mehlsieb
1 Teigrolle
1 Pizzaform aus Blech oder
    feuerfestem Glas
    (Durchmesser 27 cm)
1 mittelgroßen Kochtopf
1 Sieb
1 Pfeffermühle

So wird's gemacht:

Für den Teig gib Quark, Milch,
Olivenöl und Salz in eine Rührschüssel und verrühre die Zutaten mit dem Handrührgerät
mit Knethaken. Dann rühre
das Grünkernmehl darunter.
Mische anschließend Weizenmehl mit Backpulver und siebe
es über den Grünkernteig.

34

Knete alle Zutaten gut durch. Rolle den Teig auf der bemehlten Arbeitsfläche nach allen Seiten dünn aus. Lege den ausgerollten Teig auf die Pizzaform und drücke den Rand gleichmäßig fest. Schäle die Zwiebeln, schneide sie in dünne Ringe und verteile sie gleichmäßig auf dem Pizzateig. Würfele den Schinkenspeck und streue die Würfel auf die Zwiebelringe. Dünste die Prinzeßbohnen kurz in wenig Salzwasser und schütte sie zum Abtropfen auf ein Sieb. Danach verteile die Bohnen auf die Schinkenspeckwürfel.

Spüle die Tomaten mit heißem Wasser ab, entferne den Stielansatz und schneide sie in Scheiben. Lege die Tomatenscheiben dicht nebeneinander wie einen Tomatenkranz an den Pizzarand und streue den Pfeffer darüber. Schiebe die Pizza in den Backofen. Gib nach etwa 30 Minuten den geriebenen Käse darüber und laß ihn in 2 Minuten schmelzen.
Bestreue die Pizza vor dem Servieren mit Bohnenkraut.

Backofen-Einstellung:
Ober-/Unterhitze: etwa 220 ° C (vorgeheizt)
Heißluft: etwa 200 °C (nicht vorgeheizt)
Gas: Stufe 4-5 (vorgeheizt)
Backzeit: etwa 30 Minuten.

Falls Du auch zu den Kindern gehörst, die keine Prinzeßbohnen mögen, kannst Du dafür auch 100 g Champignons oder 300 g bunte Paprikaschoten verwenden.

Pipis Kraftkornbrot

Dazu brauchst Du:

Für den Teig:
300 g Roggenkörner,
   mittelfein gemahlen
200 g Weizenkörner,
   fein gemahlen
150 g Dinkelkörner,
   fein gemahlen
1 Päckchen Trocken-Backhefe
3 gestrichene TL Jodsalz
1 gehäuften TL Zucker
400 ml lauwarmes Wasser

Stelle bereit:

1 große Rührschüssel
1 Handrührgerät mit
   Knethaken
1 Backblech
Backpapier
1 Backpinsel

**Alle Welt backt Brot,
nur Du noch nicht?
Dann nichts wie ran an
Pipis Kraftkornbrot.
So ein selbstgemachtes
kerngesundes Kornbrot
macht sich ausge-
zeichnet als Pausenbrot
für die Schule.
Das macht nicht nur
stark, das schmeckt
auch stark.**

So wird's gemacht:

Für den Teig schütte das Rog-
gen-, Weizen- und Dinkelmehl
in die Schüssel und vermische
es sorgfältig mit der Trocken-
Backhefe. Streue Salz und
Zucker darüber. Füge das
Wasser hinzu und verrühre
alles mit dem Handrührgerät
mit Knethaken zuerst auf
niedrigster, dann auf höchster
Stufe zu einem glatten Teig.
Stelle die Schüssel abgedeckt
an einen warmen Platz und laß
den Teig so lange gehen, bis
er sich sichtbar vergrößert hat.
Nimm den Teig aus der Schüssel und knete ihn mit den Händen nochmals auf einer

bemehlten Arbeitsfläche
gründlich durch. Forme aus
dem Teig einen Laib und lege
ihn auf ein mit Backpapier
belegtes Backblech. Laß ihn
nochmals gehen. Bestreiche
die Teigoberfläche mit Wasser
und bestäube sie mit etwas
Mehl. Dann schiebe den Laib
in den Backofen.

Backofen-Einstellung

Ober-/Unterhitze: etwa 200 °C
(vorgeheizt)
Heißluft: etwa 180 °C
(nicht vorgeheizt)
Gas: Stufe 3-4 (vorgeheizt)
Backzeit: etwa 1 Stunde.

**Vielleicht habt Ihr zu Hause
eine Getreidemühle. Falls
nicht, kannst Du Dir die
Getreidekörner im Geschäft
mit der Getreidemühle
mahlen lassen!**

Verschmitzter Vampir

(Titelbild)

Vampire sind gar nicht so blutrünstig wie man immer glaubt. Diesen verschmitzten hier hast Du bestimmt auch zum Fressen gern! Denn er ist so süß und knusprig. Ha, ha wie sich Deine Zähne auf ihn freuen!

Dazu brauchst Du:

Für den Teig:
150 g Honig
1 Päckchen Vanillin-Zucker
50 g Butter oder Margarine
1 Eigelb
1 TL gemahlenen Zimt
1 Messerspitze gemahlene
　Nelken
250 g Weizenmehl (Type 405)
3 gestrichene TL Backpulver

Zum Garnieren:
50 g Vollmilch-Schokolade
etwas Kokosfett
1 EL Puderzucker
wenige Tropfen Zitronensaft
rote Back- und Speisefarbe
　(für die Zunge)
Lakritz
abgezogene Mandeln

Stelle bereit:

1 Rührschüssel
1 Handrührgerät mit
　Knethaken
Frischhaltefolie
1 Teigrolle
1 Backblech/Backpapier
1 kleiner Stieltopf
1 kleine Schüssel
1 Backpinsel

So wird's gemacht:

Gib Honig, Vanillin-Zucker, Butter oder Margarine, Eigelb, Zimt und Nelken in die Rührschüssel und verrühre die Zutaten mit dem Handrührgerät mit Knethaken. Mische Mehl mit Backpulver und verrühre es mit den übrigen Zutaten zu einem krümeligen Teig. Knete diesen anschließend mit den Händen auf der bemehlten Arbeitsfläche nochmals gut durch. Wickele ihn in Folie und lege ihn etwa 2 Stunden in den Kühlschrank. Rolle den Teig auf der bemehlten Arbeitsfläche etwa 1 cm dick aus. Mache Dir vom Titelbild eine Schablone aus Pappe. Lege sie auf den Teig und schneide die Formen mit einem spitzen Messer aus. Lege die Vampire auf ein mit Backpapier belegtes Backblech und schiebe sie in den Backofen. Lasse die gebackenen Vampire etwas auskühlen.

Dann kannst Du sie wie auf dem Titelbild mit den angegebenen Zutaten verzieren. Breche dafür die Schokolade in kleine Stücke und rühre sie mit dem Kokosfett in einem kleinen Topf im Wasserbad bei schwacher Hitze geschmeidig. Verrühre Puderzucker und Zitronensaft zu einer cremigen Masse. Färbe einen kleinen Teil vom Puderzuckerguß für die Zunge rot. Bestreiche die verschmitzten Vampire mit dem Schokoladen- und dem Puderzuckerguß und verziere sie mit Lakritz und Mandeln.

Backofen-Einstellung:

Ober-/Unterhitze: 180-200 °C
(vorgeheizt)
Heißluft: 160-180 °C
(nicht vorgeheizt)
Gas: Stufe 3-4 (vorgeheizt)
Backzeit: etwa 15 Minuten.

Lachender Obstkuchen

Zum Einfetten des Back-
blechs: Butter

Für den Teig:
150 g Magerquark
6 EL Milch
6 EL Speiseöl
75 g feinkörnigen Zucker
1 Päckchen Vanillin-Zucker
1 Prise Jodsalz
300 g Weizenmehl (Type 405)
1 Päckchen Backpulver

Für den Belag:
z.B. 1-1,5 kg Äpfel
   oder Aprikosen
Mandelblättchen
etwa 125 ml (⅛ l)
   Schlagsahne
2 EL Zucker

Stelle bereit:

1 große Rührschüssel
1 Handrührgerät mit
   Knethaken
1 Mehlsieb
Frischhaltefolie
1 Teigrolle
1 Backblech

**Wie wär's, wenn Ihr
mal ein Picknick plant?
Jeder bringt etwas zu
essen und zu trinken
mit. Man braucht nur
noch eine Decke zum
Draufsitzen und dann
nichts wie raus ins
Grüne. Picknick-
Erprobte vergessen
auch Frisbee, Federball-
spiel und Ball nicht.
Viel Spaß!**

So wird's gemacht:

Gib Quark, Milch, Öl, flüssige
Butter, Zucker und Vanillin-
Zucker und Salz in die Rühr-
schüssel und verrühre die
Zutaten mit dem Handrühr-
gerät mit Knethaken. Mische
Mehl mit Backpulver, siebe es
nach und nach auf die Quark-
masse und rühre es unter.
Knete den Teig nochmals gut
durch. Wickele den Teig in
Folie und lege ihn etwa 2
Stunden in den Kühlschrank.
Rolle den Teig auf der bemehl-
ten Arbeitsfläche etwa 3 mm

Du kannst auch verschiede-
ne Obstsorten nebeneinan-
der auf den Kuchen legen.

dick zu einem Rechteck aus und lege dieses auf das gefettete Backblech. Schneide das Obst in Spalten oder Scheiben und lege es auf den Teig. Zum Schluß streue Mandelblättchen und etwas Zucker über das Obst. Schiebe den Kuchen auf dem Rost in den Backofen. Schlage die Schlagsahne steif, gib sie in einen Spritzbeutel mit Lochtülle und spritze ein Gesicht auf den Obstkuchen.

Backofen-Einstellung:
Ober-/Unterhitze: etwa 200 °C
(vorgeheizt)
Heißluft: etwa 180 °C
(nicht vorgeheizt)
Gas: Stufe 3-4 (vorgeheizt)
Backzeit: 25-30 Minuten.

Schmetterlinge und Herz

Zum Einfetten/Ausstreuen:
Butter/Semmelbrösel

Für den Teig:
125 g weiche Butter oder
   Margarine
125 g feinkörnigen Zucker
1 Päckchen Vanillin-Zucker
1 Prise Jodsalz
2 Eier
250 g Weizenmehl (Type 405)
½ Päckchen Backpulver

Zum Garnieren der
Schmetterlinge:
100 g Puderzucker
1-2 EL Zitronensaft
Back- und Speisefarben
Süßigkeiten

Stelle bereit:

1 Rührschüssel
1 Handrührgerät mit
   Rührbesen
1 Mehlsieb
4 Schmetterlingsformen
1 Herzform
1 Teigschaber
1 Kuchenrost
1 kleine Schüssel
1 Backpinsel

Das man Schmetterlinge immer nur kurz sieht, liegt wohl daran, daß sie so flatterhaft sind. Was macht man da? Man backt sich selbst welche! Und wenn Ihr die Schmetterlinge draußen eßt, kann es sogar sein, daß sich ein echter dazugesellt. Vorsicht: nicht verwechseln!

So wird's gemacht:

Streue die Backformen mit Semmelbröseln aus. Für den Teig gib die Butter oder Margarine in eine Schüssel. Füge Zucker, Vanillin-Zucker und Salz hinzu. Rühre mit dem Handrührgerät mit Rührbesen alle Zutaten schaumig. Gib die Eier unter Rühren in die Schüssel zu den anderen Zutaten. Mische Mehl mit Backpulver und siebe es hinzu. Verrühre alles zu einem Teig. Fülle je einen gehäuften Eßlöffel Teig in die Schmetterlingsformen. Streiche die Teigoberfläche glatt. Gib den Rest des

Teiges mit Hilfe des Teigschabers in die Herzform und streiche die Oberfläche ebenfalls glatt.
Schiebe die Formen auf dem Rost in den Backofen.
Laß das Gebäck vor dem Verzieren auf dem Kuchenrost auskühlen. Verrühre Puderzucker und Zitronensaft zu einer cremigen Masse. Bestreiche Herz und Schmetterlinge mit dem Guß und verziere sie mit Süßigkeiten.

Backofen-Einstellung:
Ober-/Unterhitze: etwa 200 °C
(vorgeheizt)
Heißluft: etwa 180 °C
(nicht vorgeheizt)
Gas: Stufe 3-4 (vorgeheizt)
Backzeit für die Schmetterlinge: etwa 20 Minuten
Backzeit für das Herz:
etwa 35 Minuten.

Wenn Du auf Farbstoffe allergisch reagierst, dann nimm zum Färben Zuckerguß, den Du z.B. mit Kirschsaft verrührst.

Adventskalender

Zum Einfetten des Back-
blechs: Butter

Für den Teig:
300 g Honig
100 g Speiseöl
100 g Zucker
1 Prise Jodsalz
1 Ei
500 g Weizenmehl (Type 550)
1 Päckchen Backpulver
1 Päckchen Lebkuchen-
    gewürz

Zum Garnieren:
250 g Puderzucker
2 EL Zitronensaft
1-2 EL Wasser
Gebäckschmuck und Süßig-
    keiten, z.B. Gummibären,
    Zuckerstreusel usw.

Stelle bereit:

1 großen Stieltopf
1 große Rührschüssel
1 Rührlöffel
1 Mehlsieb
1 Handrührgerät mit
    Knethaken
1 Backblech
1 Teigrolle

**Am liebsten würdet Ihr
gleich viele der
Adventskalendersterne
vernaschen.
Mal sehen, wer bis
Heiligabend durchhält.**

1 großen Stern (Schablone,
    etwa 35 cm Durchmesser)
Ausstechförmchen: kleinere
    und größere Sterne
1 kleine Schüssel
1 Backpinsel

So wird's gemacht:

Erhitze in einem großen Stieltopf Honig, Öl, Zucker und
Salz, rühre die Masse gut um.
Schütte die erkaltete Masse in
eine große Rührschüssel, füge
das Ei hinzu und rühre es
unter. Mische Mehl mit Backpulver und Lebkuchengewürz
und siebe es auf die Masse.
Rühre die Zutaten mit dem
Handrührgerät mit Knethaken
gut durch. Lege den Teig etwa
4 Stunden in den Kühlschrank.
Rolle den Teig auf einem
gefetteten Backblech etwa
$\frac{1}{2}$ cm dick aus und schneide
den großen Stern aus. Rolle

den restlichen Teig auf einer
bemehlten Arbeitsfläche aus
und steche die kleineren Sterne aus. Lege die kleineren
Sterne auf das Backblech
(evtl. zweimal backen, falls der
Platz nicht reicht) und schiebe
das Blech in den Ofen.
Lasse die Sterne vor dem Verzieren etwas abkühlen.
Verrühre Puderzucker und
Zitronensaft zu einer cremigen
Masse. Forme aus Pergament-
Dreiecken kleine Tüten und
fülle die Masse hinein. Schneide nun die Spitze ab und spritze die Zahlen (1-24) auf die
Sterne. Klebe die Zahlensterne
mit Hilfe des Puderzucker-
gusses auf den großen Stern.
Damit Du den Adventskalender
an die Wand hängen kannst,
klebe ihn am besten mit
Puderzuckerguß auf ein Holz-
brett, das Du an der Wand
befestigst.

Backofen-Einstellung:
Ober-/Unterhitze: etwa 170 °C
(vorgeheizt)
Heißluft: etwa 150 °C
(nicht vorgeheizt)
Gas: Stufe 2-3 (vorgeheizt)
Backzeit: etwa 20 Minuten.

Bunte Knusperherzen

Dazu brauchst Du:

Für den Teig:
250 g Weizenmehl
 (Type 1050)
1 gestrichenen TL Backpulver
100 g feinkörnigen Zucker
1 Päckchen Vanillin-Zucker
1 Prise Jodsalz
1 Ei
100 g abgezogene, gemahlene
 Mandeln
100 g gemahlene
 Haselnußkerne
100 g kalte Butter
50 g saure Sahne

Zum Garnieren:
100 g Zartbitter-Kuvertüre
100 g Weiße Kuvertüre
20 g Kokosfett
Gebäckschmuck, z.B. Zuckerstreusel, Schoko- und
 Zuckerherzen usw.

Stelle bereit:

1 Rührschüssel
1 Handrührgerät mit
 Knethaken
1 Teigrolle
Herz-Ausstechförmchen
1 Backblech

**Habt Ihr Lust ein Wett-
backen zu veranstalten?
Dann beteiligt alle daran,
die Ihr gerne mögt,
auch Eure Omis! Hierbei
kommt es nämlich
darauf an, wer die
schönsten und buntesten
Herzen verziert hat.
Der Sieger erhält eine
Kinokarte!**

Backpapier
je 1 kleiner Stieltopf für Zartbitter-Kuvertüre und
 Weiße Kuvertüre
1 Backpinsel

So wird's gemacht:

Mische das Mehl mit dem
Backpulver und gib es in eine
Rührschüssel. Füge die

44

anderen Zutaten hinzu. Verarbeite alles mit dem Handrührgerät mit Knethaken zuerst kurz auf niedrigster, dann auf höchster Stufe zu einem Teig. Knete diesen anschließend auf der Arbeitsfläche nochmals gut durch. Wenn er noch klebt, dann lege ihn etwa 20 Minuten in den Kühlschrank. Rolle den Teig auf der bemehlten Arbeitsfläche etwa 1 cm dick aus. Steche mit den Ausstechförmchen soviel Herzen aus, daß kein Teig mehr übrig bleibt. Lege die Herzen auf ein mit Backpapier belegtes Backblech. Schiebe das Backblech in den Backofen.

Verrühre die Weiße und die Zartbitter-Kuvertüre getrennt mit je 10 g Kokosfett in einem kleinen Topf im Wasserbad bei schwacher Hitze zu einer geschmeidigen Masse. Bestreiche die Herzen damit und verziere sie mit dem Gebäckschmuck nach Deiner Phantasie.

Backofen-Einstellung:
Ober-/Unterhitze: etwa 180 °C (vorgeheizt)
Heißluft: etwa 160 °C (nicht vorgeheizt)
Gas: etwa Stufe 3 (vorgeheizt)
Backzeit: 10-15 Minuten.

Eisbärenpfoten

Dazu brauchst Du:

Für den Teig:
3 Eiweiß
150 g feinkörnigen Zucker
1 Päckchen Vanillin-Zucker
1 Prise Jodsalz
150 g Kokosraspel
50 g abgezogene, gemahlene Mandeln
1 Messerspitze gemahlenen Zimt oder 2 Tropfen Backöl Bittermandel

Stelle bereit:

1 Rührschüssel
1 Handrührgerät mit Rührbesen
1 Rührlöffel
1 Backblech
Backpapier oder Oblaten

Fragt doch mal Eure Freunde, ob sie auch so gerne Eisbärenpfoten essen. Wetten, denen bleibt vor Staunen der Mund offen? Damit der auch wieder zuklappt, verratet ihnen einfach dieses leckere Rezept, oder?

So wird's gemacht:

Schlage mit dem Handrührgerät mit Rührbesen das Eiweiß in der Schüssel steif. Füge unter Rühren nach und nach den Zucker, Vanillin-Zucker und das Salz hinzu. Hebe vorsichtig Kokosraspel, Mandeln, Zimt oder Backöl Bittermandel darunter. Setze mit 2 Teelöffeln kleine Teighäufchen auf ein mit Backpapier belegtes Backblech oder auf Oblaten und schiebe sie in den Backofen. Lasse die gebackenen Eisbärenpfoten auf dem Blech auskühlen.

Backofen-Einstellung:
Ober-/Unterhitze: etwa 130 °C (vorgeheizt)
Heißluft: etwa 120 °C (nicht vorgeheizt)
Gas: etwa Stufe 1-2 (vorgeheizt)
Backzeit: etwa 20-25 Minuten.

Hänsel und Gretels Knusperhaus

Für den Teig:
250 g Honig
150 g Zucker
100 g Butter oder Margarine
600 g Weizenmehl
    (Type 550)
1 Päckchen Backpulver
1 Ei

Hier sind Architekten gefragt! Endlich könnt Ihr Euch ein Traumhäuschen bauen. Am liebsten würde man schrumpfen, damit man darin wohnen könnte!

1 gestrichenen TL
    gemahlenen Zimt
1 gestrichenen TL gemahlene
    Nelken
1 gestrichenen TL gemahlenen
    Kardamom
1 Prise Jodsalz
abgeriebene Schale von
    1 Zitrone (unbehandelt)

Zum Garnieren:
100 g Puderzucker
1 Eiweiß
rote Blattgelatine für Fenster
    und Tür
alle Süßigkeiten, die Du magst,
    z.B. Gummibärchen, Lakritz

Stelle bereit:

1 großen Stieltopf
1 Rührlöffel/1 Mehlsieb
1 große Rührschüssel
1 Handrührgerät mit
    Knethaken
Frischhaltefolie/1 Teigrolle
Schablonen (1 Dreieck,
    1 Rechteck)
1 Backblech/Backpapier
1 kleine Schüssel
1 Backpinsel

So wird's gemacht:

Für den Teig erhitze Honig und Zucker unter Rühren in dem Stieltopf. Füge die Butter oder Margarine hinzu und lasse sie schmelzen. Mische Mehl mit Backpulver und siebe es in die Rührschüssel. Füge Ei, Gewürze, Zitronenschale und die Honig-Butter-Masse hinzu und verrühre die Zutaten mit dem Handrührgerät mit Knethaken zu einem krümeligen Teig. Knete diesen anschließend mit den Händen auf der bemehlten Arbeitsfläche nochmals gut durch. Wickele den Teig in Folie und lege ihn etwa 2 Stunden in den Kühlschrank. Teile den Teig in 2 große und 2 kleine Stücke und rolle jedes Stück auf der bemehlten Arbeitsfläche etwa 1 cm dick aus. Schneide aus den größeren Teigflächen 2 Dreiecke (Höhe 19 cm, Seitenlänge 23 cm) als Vorder- und Hinterfront des Hauses und 2 rechteckige Dachplatten (16 x 23 cm). Rolle für den Dachabschluß eine Teigrolle von 16 cm Länge und 2 cm Breite. Rolle aus dem restlichen Teig eine rechteckige Platte als Untergrund aus. Lege die Teigteile auf das mit Backpapier belegte Backblech und schiebe es in den Backofen. Schneide aus den noch warmen Platten Fenster und Türen in die Vorder- und Hinterfront. Verrühre Puderzucker und Eiweiß zu einer cremigen Masse. Klebe von der Innenseite der Vorder- und Hinterfront mit Guß die rote, zugeschnittene Gelatine an. Bestreiche die Hausteile mit dem Guß und klebe sie zusammen. Verziere das Knusperhaus nach Deiner Phantasie.

Backofen-Einstellung:
Ober-/Unterhitze: etwa 180 °C (vorgeheizt)
Heißluft: etwa 160 °C (nicht vorgeheizt)
Gas: etwa Stufe 3 (vorgeheizt)
Backzeit: etwa 15 Minuten.

Setze in das Pfefferkuchenhaus ein Teelicht, dann leuchten die Fenster und die Tür strahlend rot!

Pummelzwerge

Für den Teig:
250 g Magerquark
100 ml Speiseöl
125 ml (⅛ l) Schlagsahne
90 g feinkörnigen Zucker
1 Päckchen Vanillin-Zucker
1 Prise Jodsalz
500 g Weizenmehl (Type 550)
1 Päckchen Backpulver

Zum Garnieren:
1 Eigelb
1 EL Milch
Korinthen
Belegkirschen
75 g Puderzucker
1 EL Zitronensaft
Hütchen aus Papier

Stelle bereit:

1 Rührschüssel
1 Handrührgerät mit
   Knethaken
1 Mehlsieb
1 Backblech
Backpapier
1 kleine Schüssel
1 Backpinsel

Klein und pummelig,
aber oho sind diese
Zwerge. Vor allem sind
sie geschmacklich
auf Zack. Die Kleinen
sind ohnehin nicht zu
unterschätzen, das
seht Ihr doch bestimmt
genauso, oder?!

So wird's gemacht:

Verrühre Quark, Öl, Schlag-
sahne, Zucker, Vanillin-Zucker
und Salz mit dem Handrühr-
gerät mit Knethaken in der
Rührschüssel. Mische Mehl mit
Backpulver, siebe es auf die
Masse und rühre es unter.
Knete den Teig nochmals auf

der bemehlten Arbeitsfläche mit den Händen gut durch. Zupfe vom Teig kleine Stückchen weg und forme für einen Pummelzwerg eine größere Kugel für den Körper und eine kleinere Kugel für den Kopf. Setze die kleinere Kugel auf die größere und stelle sie auf ein mit Backpapier belegtes

Backblech. Verrühre Eigelb und Milch und bestreiche die Zwerge damit. Drücke 2 Korinthen als Augen und ein Stück einer Belegkirsche als Nase hinein. Schiebe das Blech in den Backofen. Lasse die Pummelzwerge etwas auskühlen. Dann verrühre den Puderzucker mit dem Zitronensaft zu einer cremigen Masse und male den Zwergen damit einen Bart. Jetzt kannst Du ihnen noch einen Papierhut aufsetzen.

Backofen-Einstellung:
Ober-/Unterhitze: 170-200 °C (vorgeheizt)
Heißluft: 150-180 °C (nicht vorgeheizt)
Gas: etwa Stufe 3 (vorgeheizt)
Backzeit: etwa 25 Minuten.

Was hältst Du davon, die Pummelzwerge zusammen mit Deiner Freundin oder Deinem Freund zu backen? Besorgt Euch die nötigen Sachen und dann geht's rund in Eurem "Backstudio". Mal sehen, wer den ulkigsten Zwerg backen kann!

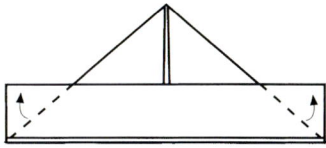

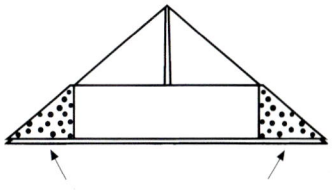

Nikolausstiefel

Für den Teig:
200 g flüssigen Honig
50 g Zucker
1 Prise Jodsalz
50 g flüssige Butter oder
    Margarine
1 Ei
2 gehäufte EL Kakao
1 Messerspitze gemahlenen
    Zimt
1 Messerspitze gemahlene
    Nelken
50 g nicht abgezogene,
    geriebene Mandeln
500 g Weizenmehl
    (Type 1050)
3 gestrichene TL Backpulver

Zum Garnieren:
100 g Puderzucker
1-2 EL Zitronensaft
Gebäckschmuck, z.B. Zucker-
    streusel, Süßigkeiten

Stelle bereit:

1 große Rührschüssel
1 Handrührgerät mit
    Rührbesen
1 Teigrolle
1 Backblech
Backpapier

Leute, Ihr glaubt nicht, wie schwierig es war, dem Nikolaus für dieses Foto seine Stiefel auszuziehen. Er hatte solche Angst, daß wir sie nicht wieder zurückgeben! Wollt Ihr sie haben? Dann backt sie Euch selbst!

Ausstechförmchen
1 kleine Schüssel
1 Backpinsel

So wird's gemacht:

Gib Honig, Zucker, Salz, Butter oder Margarine, Ei, Kakao, Zimt, Nelken und Mandeln in die Rührschüssel. Verrühre die Zutaten mit dem Handrührgerät mit Rührbesen. Mische Mehl mit Backpulver, gib es nach und nach zu den anderen Zutaten und rühre es unter. Knete den Honigkuchen anschließend mit Deinen Händen auf der bemehlten Arbeitsfläche nochmals gut durch. Stelle den Teig zugedeckt 1-2 Stunden in den Kühlschrank.

Rolle den Teig auf einer bemehlten Arbeitsfläche etwa 3 mm dick aus. Mache Dir nach Deiner Vorstellung eine Stiefelschablone aus Karton. Lege die Schablone auf den Teig und schneide die Stiefel aus. Wenn Du Lust hast, kannst Du auch direkt aus dem Teig Stiefel schneiden. Aus dem restlichen Teig kannst Du Plätzchen ausstechen. Lege die Stiefel und die Plätzchen auf das mit Backpapier belegte Backblech. Schiebe das Blech in den Backofen.
Laß die gebackenen Stiefel und Plätzchen vor dem Verzieren etwas auskühlen. Verrühre Puderzucker und Zitronensaft zu einer cremigen Masse und färbe diese ein. Streiche den Guß mit dem Backpinsel auf die Stiefel und Plätzchen und garniere sie mit den Süßigkeiten und dem Gebäckschmuck.

Backofen-Einstellung:
Ober-/Unterhitze: etwa 200 °C (vorgeheizt)
Heißluft: etwa 180 °C (nicht vorgeheizt)
Gas: Stufe 3-4 (vorgeheizt)
Backzeit: etwa 15 Minuten.

Tannenbäume

Für den Teig:
100 g weiche Butter
120 g braunen Zucker
1 Päckchen Vanillin-Zucker
2 Eier
1 Prise Jodsalz
1 gestrichenen TL
   gemahlenen Zimt
1 Messerspitze
   gemahlenen Anis
3 Tropfen Backöl Bittermandel
100 g abgezogene, geriebene
   Mandeln
350 g Weizenmehl (Type 405)
1 gestrichenen EL Backpulver

Zum Garnieren:
100 g Puderzucker
1-2 EL Orangensaft
Back- und Speisefarben
Kokosraspel, Süßigkeiten

Stelle bereit:

1 Rührschüssel
1 Handrührgerät mit
   Rührbesen/Frischhaltefolie
1 Mehlsieb/1 Teigrolle
evtl. Tannenbaum-Ausstech-
   förmchen
1 Backblech/Backpapier
1 kleine Rührschüssel

Wetten, solch einen
Weihnachtsschmuck
habt Ihr noch nie ge-
habt! Und praktisch ist
er außerdem, denn Ihr
braucht ihn nach dem
Fest nicht wieder weg-
zuräumen, sondern
könnt die bunten
Tannenbäumchen mit
Euren Geschwistern
und Freunden
einfach aufessen.

1 dickere Stricknadel
1 Backpinsel

So wird's gemacht:

Für den Teig gib Butter, brau-
nen Zucker, Vanillin-Zucker,
Eier, Salz, Zimt, Anis und
Backöl Bittermandel in die
Rührschüssel und verrühre die
Zutaten mit dem Handrühr-
gerät mit Rührbesen. Mische
Mehl und Backpulver, siebe es
auf den Teig und rühre es

Funkelnde Sterntaler

unter. Knete den Teig anschließend auf der bemehlten Arbeitsfläche mit den Händen nochmals gut durch. Wickele den Teig in Folie und lege ihn 1-2 Stunden in den Kühlschrank. Rolle den Teig auf der bemehlten Arbeitsfläche portionsweise etwa 3 mm dick aus. Steche mit Ausstechförmchen Tannenbäume aus oder schneide nach Deinen eigenen Vorstellungen Tannenbäume aus dem Teig und lege sie auf das mit Backpapier belegte Backblech. Schiebe das Blech in den Backofen und laß die Tannenbäume goldbraun backen. Steche in die noch warmen Plätzchen mit einer dickeren Stricknadel ein kleines Loch, damit Bändchen durchgezogen werden können. Lasse sie vor dem Verzieren etwas auskühlen. Verrühre Puderzucker und Orangensaft zu einer cremigen Masse. Färbe den Guß mit den Back- und Speisefarben und streiche ihn auf die Plätzchen. Bestreue die Tannenbäume z.B. mit Süßigkeiten oder Kokosraspeln. Hänge die Tannenbäume an den großen Weihnachtsbaum.

Backofen-Einstellung:
Ober-/Unterhitze: etwa 180 °C (vorgeheizt)
Heißluft: etwa 160 °C (nicht vorgeheizt)
Gas: etwa Stufe 3 (vorgeheizt)
Backzeit: 15-20 Minuten.

Dazu brauchst Du:

Für den Teig:
3 Eigelb
1 Prise Jodsalz
125 g feinkörnigen Zucker
1 Päckchen Vanillin-Zucker
abgeriebene Schale von
    2 Zitronen (unbehandelt)
200-250 g abgezogene,
    gemahlene Mandeln
1 Messerspitze Backpulver

Zum Ausrollen:
gemahlene Mandeln

Zum Garnieren:
100 g Puderzucker
1-2 EL Zitronensaft
silberne und goldene Perlen

Stelle bereit:

1 große Rührschüssel
1 Handrührgerät mit
    Rührbesen
1 Teigrolle
1 Backblech
Backpapier
1 Sternchenform
1 kleine Rührschüssel
1 Backpinsel

So wird's gemacht:

Gib Eigelb, Salz, Zucker, Vanillin-Zucker, Zitronenschale in die Schüssel und rühre mit dem Handrührgerät mit Rührbesen alle Zutaten cremig. Rühre soviel Mandeln unter, daß ein Brei entsteht. Rühre das Backpulver unter und knete dann den Rest der Mandeln unter, bis der Teig nicht mehr klebt. Streue Mandeln auf die Arbeitsfläche und rolle den Teig etwa $1/2$ cm dick aus. Steche Sterne aus dem Teig und lege sie auf das mit Backpapier belegte Backblech. Schiebe das Blech in den Backofen.
Verrühre den Puderzucker mit dem Zitronensaft und streiche den Guß mit dem Backpinsel auf die Sterne. Bestreue die Zitronensterne mit silbernen und goldenen Perlen.

Backofen-Einstellung:
Ober-/Unterhitze: 170-200 °C (nicht vorgeheizt)
Heißluft: 160-170 °C (nicht vorgeheizt)
Gas: etwa Stufe 3 (vorgeheizt)
Backzeit: etwa 10 Minuten.

Sausende Schlitten

Für den Teig:
250 g Honig
100 g Zucker
500 g Weizenmehl (Type 550)
1 Päckchen Backpulver
2 gehäufte TL Kakao
1 gestrichenen TL
   gemahlenen Zimt
½ TL gemahlene Nelken
½ TL gemahlenen Anis
1 Messerspitze gemahlenen
   Kardamom
1 Prise Jodsalz
1 Eigelb
2 EL Mineralwasser

Zum Garnieren:
100 g Puderzucker
1-2 EL Zitronensaft
Gebäckschmuck,
   z.B. Schokoladenplätzchen,
   Schokostreusel, Smarties,
   Lakritz, Puderzucker

Stelle bereit:

1 Stieltopf
1 Rührschüssel
1 Handrührgerät mit
   Knethaken
1 Backblech
Backpapier

Diese Schlitten braucht Ihr gar nicht den Berg hochziehen. Sie werden ganz von alleine den Berg in Eure hungrigen Bäuche hinuntersausen. Und das schmeckt so richtig zum Abfahren!

1 kleine Schüssel
1 Backpinsel
1 Puderzuckersieb

So wird's gemacht:

Erwärme Honig und Zucker in einem Stieltopf und stelle ihn beiseite. Mische Mehl, Backpulver und Kakao und siebe das Gemisch in eine Rührschüssel. Füge die Gewürze, Salz, Eigelb und Mineralwasser hinzu. Schütte anschließend die Honig-Zucker-Masse dazu und verknete die Zutaten mit dem Handrührgerät mit Knethaken zu einem glatten Teig. Sollte er kleben, gib noch etwas Mehl hinzu. Stelle den Teig zugedeckt etwa 2 Stunden in den Kühlschrank. Teile den Teig in Stücke und rolle jedes Stück auf der bemehl-

ten Arbeitsfläche zu einer dicken "Wurst". Lege die Würste auf ein mit Backpapier belegtes Backblech und forme daraus wie auf dem Bild mehrere Schlitten. Schiebe das Blech in den Backofen. Laß die gebackenen Schlitten etwas abkühlen. Verrühre Puder-

zucker mit Zitronensaft zu einer cremigen Masse und bestreiche die Schlitten damit. Verziere die Schlitten mit dem Gebäckschmuck und den Süßigkeiten, die Du mit dem Guß festklebst. Wenn Du möchtest, kannst Du die Schlitten mit Puderzucker bestäuben.

Backofen-Einstellung:
Ober-/Unterhitze: etwa 200 °C (vorgeheizt)
Heißluft: etwa 170 °C (nicht vorgheizt)
Gas: etwa Stufe 3-4 (vorgeheizt)
Backzeit: etwa 15-20 Minuten.

TOP

Du kannst aus dem Teig auch andere Dinge formen, z.B. Skier samt Skifahrer oder Tiere usw.

Weihnachtsmänner und -engel

Dazu brauchst Du:

Für den Teig:
200 g Weizenmehl (Type 405)
1 Messerspitze Backpulver
100 g gemahlene
    Haselnußkerne
70 g feinkörnigen Zucker
1 Prise Jodsalz
130 g kalte Butter oder
    Margarine
1 Ei

Zum Garnieren:
100 g Puderzucker
1-2 EL Zitronensaft
Back- und Speisefarbe
Gebäckschmuck, z.B.
    Zuckerstreusel

Stelle bereit:

1 große Rührschüssel
1 Mehlsieb
1 Handrührgerät mit
    Knethaken
Frischhaltefolie
1 Teigrolle
Ausstechförmchen
1 Backblech
Backpapier
1 kleine Schüssel
1 Backpinsel

Wer sagt denn, daß Weihnachtsmänner immer gleich aussehen? Weihnachtsmänner in Irland haben häufig rote Bärte, in Italien tragen sie einen schwarzen Schnurrbart und in Australien hat man sogar einen in Badeschlappen am Strand gesichtet!

So wird's gemacht:

Mische Mehl mit Backpulver und siebe es in die Schüssel. Füge Haselnüsse, Zucker, Salz, Butter oder Margarine und das Ei hinzu und verarbeite die Zutaten mit dem Handrührgerät mit Knethaken zu einem krümeligen Teig. Knete diesen auf der bemehlten Arbeitsfläche nochmals gut durch. Wickele den Teig in Folie und lege ihn 1-2 Stunden in den Kühlschrank. Rolle den Teig portionsweise auf der bemehlten Arbeitsfläche etwa 3 mm dick aus. Steche die Figuren aus und lege sie auf das mit Backpapier belegte Backblech.

Schiebe das Blech in den Backofen.
Lasse die gebackenen Weihnachtsmänner etwas auskühlen. Zum Garnieren verrühre den Puderzucker mit dem Zitronensaft zu einer cremigen Masse und färbe sie mit den Back- und Speisefarben. Streiche den Guß mit dem Backpinsel auf die Plätzchen. Anschließend kannst Du die Weihnachtsmänner und -engel nach Deiner Phantasie dekorieren.

Backofen-Einstellung:
Ober-/Unterhitze: etwa 200 °C
(vorgeheizt)
Heißluft: etwa 180 °C
(nicht vorgeheizt)
Gas: Stufe 3-4 (vorgeheizt)
Backzeit: etwa 20 Minuten.

Die Weihnachtsmänner und -engel kannst Du auch als Päckchenanhänger benutzen. Bohre nach dem Backen ein Loch in die Plätzchen, durch das Du ein Bändchen ziehen kannst.

Berliner auf dem Blech

(etwa 20 Stück)

Für den Teig:
500 g Weizenmehl (Type 405)
1 Päckchen Trockenbackhefe
2 Eier
125 g weiche Butter oder
   Margarine
250 ml ($\frac{1}{4}$ l) lauwarme Milch
1 Prise Jodsalz
60 g feinkörnigen Zucker
1 Päckchen Vanillin-Zucker

Mensch Leute,
wir haben die Idee!
Füllt die Berliner statt
mit Konfitüre oder
Pflaumenmus mit
einem Teelöffel Senf
oder gar einem Stück
Zwiebel oder
Knoblauch!
Wer da reinbeißt,
der quiekt aber los!

Zum Füllen:
etwa 20 gehäufte TL Konfitüre
   oder Pflaumenmus

Zum Garnieren:
100 g Puderzucker
1-2 EL Zitronensaft
Gummibärchen, Smarties
   und was Dir sonst noch
   einfällt!

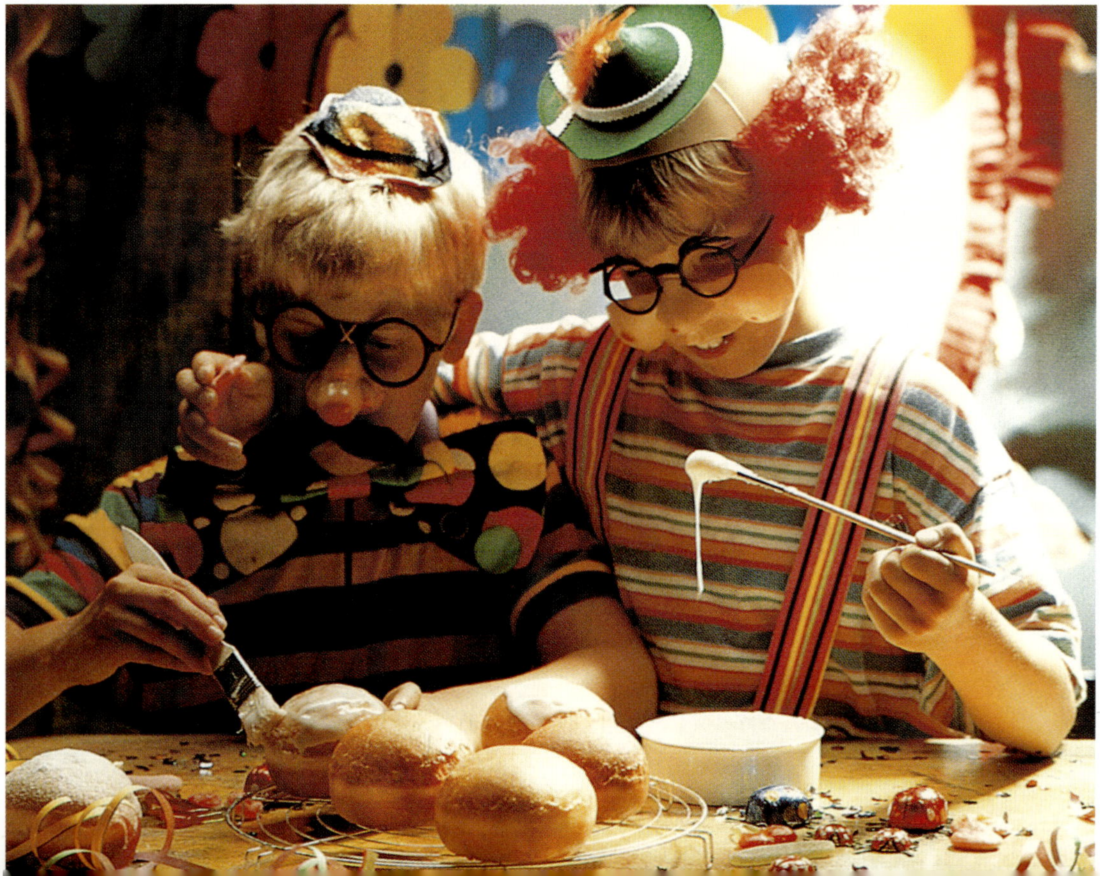

 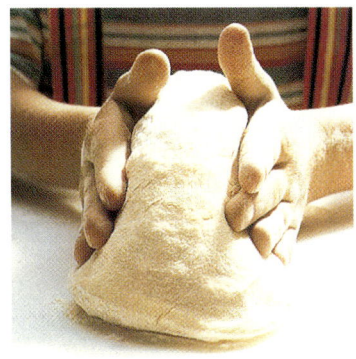 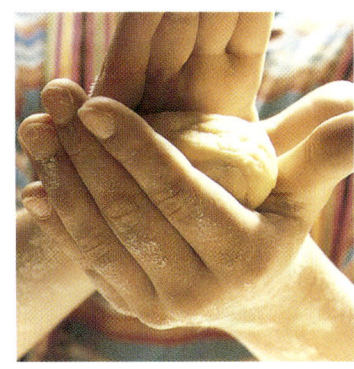

Stelle bereit:

1 große Rührschüssel
1 Mehlsieb
1 Handrührgerät mit
  Knethaken
1 Backblech
Backpapier
1 Backpinsel
1 Kuchenrost
1 kleine Schüssel
1 Backpinsel

So wird's gemacht:

Für den Teig siebe das Mehl in die Schüssel und vermische es sorgfältig mit der Trocken-Backhefe. Füge Eier, Butter oder Margarine, Milch, Salz, Zucker und Vanillin-Zucker hinzu. Verarbeite nun alle Zutaten mit dem Handrührgerät mit Knethaken zuerst auf niedrigster, dann auf höchster Stufe in etwa 5 Minuten zu einem glatten Teig. Laß den Teig abgedeckt an einem warmen Platz so lange gehen, bis er

sich sichtbar vergrößert hat. Nimm den Teig aus der Schüssel und knete ihn auf der bemehlten Arbeitsfläche nochmals gut durch. Forme eine Rolle und schneide etwa 20 gleichmäßige Scheiben ab. Drücke in jede Teigscheibe eine Vertiefung und fülle einen Teelöffel Konfitüre oder Pflaumenmus hinein. Drehe und drücke den Teigrand zusammen, so daß eine Kugel entsteht. Setze die Teigkugeln auf das mit Backpapier belegte Backblech und laß sie abgedeckt nochmals so lange gehen, bis sie sichtbar größer und luftig geworden sind. Schiebe nun das Backblech in den Backofen und laß die Berliner goldgelb backen. Lege sie zum Abkühlen auf einen Kuchenrost. Nach dem Abkühlen kannst Du mit der Dekoration beginnen. Verrühre Puderzucker und Zitronensaft zu einer cremigen Masse und streiche den Guß mit dem

Backpinsel auf die Berliner und verziere sie mit Süßigkeiten.

Backofen-Einstellung:

Ober-/Unterhitze: etwa 200 °C (vorgeheizt)
Heißluft: etwa 180 °C (nicht vorgeheizt)
Gas: Stufe 3-4 (vorgeheizt)
Backzeit: etwa 20 Minuten.

Ihr könnt die Berliner auch in einer Friteuse ausbacken. Aber bitte nur zusammen mit Mutti oder Papi!

Glücksschweinchen und -mäuse

Dazu brauchst Du:

Für den Teig:
125 g Magerquark
4 EL Milch
4 EL Speiseöl
1 kleines Ei
50 g feinkörnigen Zucker
1 Päckchen Vanillin-Zucker
1 Messerspitze Jodsalz
250 g Weizenmehl (Type 405)
1 Päckchen Backpulver
100 g abgezogene, gemahlene
  Mandeln

Zum Garnieren:
1 Eigelb
1 EL Milch
Korinthen

Stelle bereit:

1 Rührschüssel
1 Handrührgerät mit
  Knethaken
1 Mehlsieb
1 Teigrolle
1 größeres Glas
1 kleineres Glas
1 Backpinsel
1 Backblech
Backpapier
1 Kuchenrost

**Schwein gehabt?!
Damit Ihr auch im
neuen Jahr viel
Schwein, das heißt
Glück habt, backt sie
Euch doch selbst.**

So wird's gemacht:

Gib Quark, Milch, Öl, Ei,
Zucker, Vanillin-Zucker und
Salz in die Rührschüssel und
verrühre die Zutaten mit dem
Handrührgerät mit Knethaken.
Mische Mehl mit Backpulver
und siebe es dazu. Füge die
Mandeln hinzu und knete alles
gut unter.
Bestreue die Arbeitsfläche mit
Mehl und rolle den Teig etwa
3 mm dick aus. Steche für je
ein Schweinchen mit dem
größeren Glas zwei Kreise aus.
Halbiere einen Kreis für die
Ohren. Für die Schnauze steche mit dem kleineren Glas
einen Kreis aus. Verrühre das
Eigelb mit der Milch und
bestreiche alle Kreise damit.
Und so entsteht ein Schweinchen: Lege einen kleinen auf
einen großen Kreis (nicht in die

Mitte, sondern etwas weiter
nach unten, da wo Schweinchen eben ihre Schnauze
haben). Drücke die Ohren an.
Stecke zwei Korinthen als
Augen über die Nase und
piekse mit einer Stricknadel
zwei Löcher in die Schnauze
(typische Schweine-Steckdo-
sen-Schnauze). Für die Mäuse
rolle kleine Kugeln, drücke sie
nach vorne spitz zu. Zupfe zwei
Ohren aus Teig hoch, rolle ein
kleines Schwänzchen und
drücke es fest. Drücke
Korinthen als Augen hinein.
Setze die Schweinchen und
Mäuse auf ein mit Backpapier
belegtes Backblech. Verrühre
Eigelb und Milch und bestreiche sie damit. Schiebe das
Blech in den Backofen. Lasse
die gebackenen Schweinchen
und Mäuse auf einem Kuchenrost auskühlen.

Backofen-Einstellung:
Ober-/Unterhitze: etwa
170-200 °C (vorgeheizt)
Heißluft: 150-170 °C
(nicht vorgeheizt)
Gas: Stufe 3-4 (vorgeheizt)
Backzeit: etwa 15-20 Minuten.

Register

Heyne Kochbuch
07/2020

Hinweis Bitte beachten Sie bei Gasherden die Gebrauchsanweisung
des Herstellers.

**Wir danken für die
freundliche Unterstützung**

Kochen:	Backen:
Christina Becker	Christina Becker
Pia Froese	Simon Hartmann
Anna-Lena Handt	Janina Lippert
Elisa Handt	Carina Meyer
Simon Hartmann	Daniela Schürmann
Felix Nuss	Timo Schürmann
Lara Strothfang	Lasse Speer
Felix Toelle	Klasse 2a der Marienschule Paderborn

Copyright Kochen:
© 1994 by Ceres Verlag
Rudolf August Oetker KG, Bielefeld
Backen:
© 1993 by Ceres Verlag
Rudolf August Oetker KG, Bielefeld
© 2001 der Taschenbuchausgabe by Wilhelm Heyne Verlag
GmbH & Co. KG, München
http://www.heyne.de
Printed in Germany 2001

Redaktion Kochen und Backen: Eva Müller

Innenfotos Kochen und Backen: Uli Hartmann, Fotostudio Toelle, Bielefeld

Foodstyling Kochen: Franziska Kurpiers, Bielefeld
Backen: Ursula Stiller, Bielefeld

Text und Rezepte Kochen und Backen: Rosemarie Franke, Paderborn

Gestaltung und Satz Kochen und Backen: Agentur Becker, Geisler, Bielefeld

Illustrationen Kochen und Backen: Gerd Becker, Bielefeld

Umschlaggestaltung Kontur Design, Bielefeld

Herstellung Ursula Maenner

Reproduktionen RMO-Druck, München

Druck und Bindung RMO-Druck, München

ISBN 3-453-19037-8

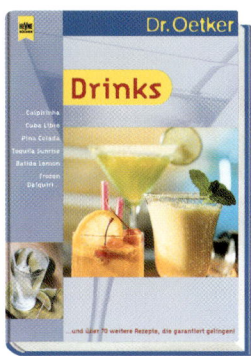